රෝමයේ ක්ලෙමනට් කොරින්තිවරුන්ට ලියූ ලිපිය

ක්ලෙමන්ට්

රෝමයේ ක්ලෙමනට් කොරින්තිවරුන්ට ලියූ ලිපිය
සහ දෙවන ක්ලෙමන්ට්

Clement of Rome's letter to the Corinthians
and Second Clement in Sinhala

2024

1වන පරිච්ඡේදය

ආචාර කිරීම: කොරින්තිවරුන් අතර භේද ඇති වීමට පෙර, ඔවුන්ට ප්‍රශංසා කිරීම

රෝමයේ වාසය කරන දෙවියන් වහන්සේගේ සභාව විසින් කොරින්තියේ වාසය කරන දෙවියන් වහන්සේගේ සභාව වෙත, අපගේ ස්වාමින් වන යේසුස් ක්‍රිස්තුස් වහන්සේ කරණකොටගෙන දෙවියන් වහන්සේගේ කැමැත්ත කරණකොටගෙන කැඳවනු ලැබූ හා විශුද්ධ කරනු ලැබූ අය හට, යේසුස් ක්‍රිස්තුස් වහන්සේ තුළින් වන සර්වබලධාරී දෙවියන් වහන්සේගේ සමාදානය ලැබේවා! සමාදානය වැඩි වේවා!

ආදරණීය සහෝදරවරුනි, අපට සිදුවී ඇති හදිසි හා එකිනෙකට සම්බන්ධ වූ සිදුවීම් හේතුකොටගෙන, ඔබ අපෙන් විමසන ලද කරුණු කෙරෙහි අපගේ අවධානය යොමු කිරීමේදී අපි තරමක් ප්‍රමාදවී තිබෙන බව අපට හැඟේ. එසේම විශේෂයෙන්ම, කුපිත වූ සහ ආත්ම විශ්වාසය සහිත වූ පුද්ගලයන් කිහිප දෙනෙකු විසින් දෙවියන් වහන්සේගේ තෝරාගත් අයට විරුද්ධව නින්දිත හා පිළිකුල්සහගත ආකාරයේ කාරණා අවුලුවනු ලැබ ඇති අතර, එමගින් විශ්වීය ආදරය ලැබීමට සුදුසු ඔබගේ ගෞරවනීය හා කීර්තිමත් නාමය දරුණු ලෙස වේදනාවට ලක් වී ඇත. මක්නිසාද යමෙක් ඔබ අතර කෙටි කලක් වාසය කළ අයගෙන් පවා, ස්ථිර ලෙස ස්ථාපිත වූ ඔබේ ඇදහිල්ලේ යහපත්කමේ ඵල දැරීම හෝ ගුණධර්ම නොදුටුවේ කවුරුන්ද? ක්‍රිස්තුස් වහන්සේ තුළ ඔබගේ දේවභක්තියේ නිහතමානීකම සහ මධ්‍යස්ථභාවය අගය නොකළේ කවුරුන්ද? ඔබේ සුපුරුදු ආගන්තුක සත්කාරයේ උසස් බව ප්‍රකාශ නොකළේ කවුරුන්ද? පරිපූර්ණ හා හොඳින් පදනම් වූ ඔබේ දැනුම ගැන ප්‍රීති නොවූයේ කවුරුන්ද? මක්නිසාද ඔබ පුද්ගලයන්ගේ තරාතිරම් නොබලා සියලුම දේ සිදු කළ අතර, දෙවියන් වහන්සේගේ ආඥාවලට අනුව ගමන් කරමින්, ඔබ කෙරෙහි පාලනය හිමි අයට කීකරු වී, ඔබ අතර සිටින වැඩිමහල්ලන්ට නිසි ගෞරවය ලබා දුන්නෙහිය. ඔබ තරුණ තරුණියන්ට සන්සුන් හා නොකැලඹෙනසුලු මනසක් ඇතිව සිටීමට අණ කළ අතර, ඔබ ඔබේ භාර්යාවන්ට සියලු දේම නිර්දෝෂී, පිරිසිදු හෘදයසාක්ෂියක් ඇතිව සිදු කිරීමටත්, ස්වාමි පුරුෂයන්ට ප්‍රේම කරන්නට යුතුකමෙන් බැඳී ඇති බැවින් එසේ කිරීමටත් උපදෙස් දුන්නෙහිය. එසේම කීකරුව ජීවත් වන ලෙසත්, ඔවුන්ගේ ගෘහ කටයුතු ඉතා මැනවින් කළමනාකරණය කර ගත යුතු බවත්, සෑම ආකාරයකින්ම ගෞරව ලැබීමට සුදුසු ලෙස ජීවත් වීමටත් ඔබ ඔවුන්ට ඉගැන්නුවෙහිය.

2වන පරිච්ඡේදය

කොරින්තිවරුන්ට තවදුරටත් ප්‍රශංසා කිරීම

එපමණක්ද නොව, ඔබ සැවොම නිහතමානී බව නිසා කැපී පෙනුණු අතර කිසිදු ආකාරයකින් ආඩම්බරයට පත් නොවූහ. එසේම කීකරුකමෙන් යටත් වී ලැබීමට වඩා දීමට කැමැත්තෙන් සිටියහ. ක්‍රියා 20:35. දෙවියන් වහන්සේ ඔබ උදෙසා ලබා දී ඇති දේවලින් සෑහීමට පත් වී, උන් වහන්සේගේ වචන පරෙස්සමෙන් පිළිපැද්දහුය. ඔබ අභ්‍යන්තර වශයෙන් උන් වහන්සේගේ ධර්මයෙන් පිරී සිටි අතර, උන් වහන්සේගේ දුක් වේදනා ඔබේ ඇස් ඉදිරිපිට තිබිණි. ඒ අනුව, ඔබ සැමට ගැඹුරු හා අධික වූ සමාදානයක් ලබා දෙන ලද අතර, යහපත කිරීමට ඔබ තුළ අප්‍රමාණ ආශාවක් තිබුණි. එසේම ශුද්ධාත්මයාණන් වහන්සේගේ වැගිරීම පූර්ණ ලෙස ඔබ සැම මත විය. සිතාමතා නොකරන ලද කිසියම් අයුක්තකමක් සම්බන්ධයෙන් වරදකාරී බවක් ඔබට දැනෙන අවස්ථාවලදී සර්වබලධාරී දෙවියන් වහන්සේ වෙතට දෑත් දිගු කර ඔබ උදෙසා උන් වහන්සේගේ කරුණාව සොයමින්, සැබෑ උනන්දුවෙන් හා දේවභක්තික හෘදයසාක්ෂියකින් යුතුව ඔබ ශුද්ධ අභිප්‍රායන් ඇතිව ක්‍රියා කළහුය. 1 පේත්‍රුස් 2:17. දෙවියන් වහන්සේ විසින් තෝරාගනු ලැබූවන්ගේ සංඛ්‍යාව දයාවෙන් හා යහපත් හෘදයසාක්ෂියෙන් ගැළවීම ලැබීම උදෙසා දිවා රෑ දෙකෙහිම ඔබ සියලුම සහෝදරයින් ගැන කනස්සල්ලට පත්ව සිටියෙහිය. ඔබ අවංකව හා දූෂිත නොවී සිටි අතර, එකිනෙකා අතර ඇති වූ තුවාල අමතක කළෙහිය. සැම ආකාරයකම බෙදීමක් සහ භේදයක් ඔබ ඉදිරියේ පිළිකුල් සහගත විය. ඔබේ අසල්වැසියන්ගේ වැරදි ගැන ඔබ වැලපුණාහුය. ඔවුන්ගේ අඩුපාඩු ඔබගේ අඩුපාඩු ලෙස ඔබ සිතුවෙහිය. සැම යහපත් කටයුත්තකටම සූදානම්ව සිටි ඔබ කිසි විට කරුණාවන්ත ක්‍රියා පැහැර නොහැරියෙහිය. තීතස් 3:1 ඉතාම ගුණවත් බවින් හා ආගමික ජීවිතයකින් සරසනු ලදුව, ඔබ සියල්ල කළේ දෙවියන් වහන්සේට ගරු බිය ඇතිවය. ස්වාමීන් වහන්සේගේ ආඥා සහ පනත් ඔබගේ හදවත් නමැති පුවරුවල ලියා ඇත. හිතෝපදේශ 7:3

3වන පරිච්ඡේදය

ඊර්ෂ්‍යාව හා අනුකරණය හේතුවෙන් ද්‍රෝහීභාවය ඇතුළු වූ පසුව කොරින්ති සභාවේ ඇති වූ දුක්ඛිත තත්වය

සැම ආකාරයකම ගෞරවය හා සතුට ඔබට ප්‍රදානය කර තිබිණි. එහෙත් පසුව, *"මාගේ ප්‍රේමවන්තයා කා, බී, තරවී ස්ථූලවී තරබාරු වූයෙහිය. තරවී පයින් ගැසීය"* යනුවෙන් ද්විතීය කථාව 32:15හි ලියා ඇති දෙය සම්පූර්ණ විය. එබැවින් අනුකරණය සහ ඊර්ෂ්‍යාව, ආරවුල් සහ ද්‍රෝහීත්වය, පීඩා සහ ව්‍යාකූලත්වය, යුද්ධය සහ වහල්භාවය එහි ගලා ගියේය. එසේ නොවටිනා අය ගෞරවනීය අයට එරෙහිව නැගී සිටියහ. කීර්තියට පත් වූවන්ට එරෙහිව කීර්තියක් නැති අය,බුද්ධිමතුන්ට එරෙහිව මෝඩයෝ, වැඩිමහල්ලන්ට එරෙහිවතරුණයෝ නැගී සිටියහ. මේ හේතුව නිසා දැන් ධර්මිෂ්ඨකම සහ සමාදනය ඔබ වෙතින් බොහෝ දුරස් වී ඇත. එමනිසා සැම කෙනෙකුම දෙවියන් වහන්සේට දැක්විය යුතු ගරුබිය අත්හැර, උන් වහන්සේගේ ඇදහිල්ලෙහි අන්ධ වී ඇති අතර, උන් වහන්සේ විසින් නියම කරන ලද පනත්වලට අනුව ගමන් නොකර, කිතුනුවෙකු වීමේ ක්‍රියා සිදු නොකරති. එහෙත් ඒ වෙනුවට, ලෝකයට මරණය ගෙන ආවා වූ තමාගේම දුෂ්ට තෘෂ්ණා අනුව ගමන් කරමින්, අධර්මිෂ්ඨ සහ අභක්තික, ඊර්ෂ්‍යාසහගත ක්‍රියාවල පැවතෙති. ප්‍රඥ2:24

4වන පරිච්ඡේදය

පුරාණ කාලයේ මෙම මූලාශ්‍රයෙන් බොහෝ නපුරුකම් දැනටමත් නික්ම විත් ඇත

එමනිසා මෙසේ ලියා ඇත: *"කාලයකට පසු කායින් භූමියේ ඵලයෙන් ස්වාමීන් වහන්සේට පඬුරක් ගෙනායේය. ආබෙල්ද තමාගේ රැළේ කුලුදුලන්ගෙන්ද උන්ගේ තෙලින්ද ගෙනායේය. ස්වාමීන් වහන්සේ ආබෙල් සහ ඔහුගේ පඬුර සැලකූසේක; එහෙත් උන් වහන්සේ කායින් සහ ඔහුගේ පඬුර නොසැලකූසේක. එවිට කායින් අතිශයෙන් කෝපවිය, ඔහුගේ මුහුණද වෙනස්විය. ස්වාමීන් වහන්සේ කායින්ට කථාකොට: නුඹ කෝපව සිටින්නේ මන්ද? නුඹේ මුහුණ වෙනස්ව තිබෙන්නේ මක්නිසාද? නුඹ යහපත කෙරෙහිනම් පිළිගනු නොලබන්නෙහිද? යහපත නොකෙරෙහි නම් පාපය දොරකඩ ලැග සිටියි; ඒකේ ආශාව නුඹ කෙරෙහි වන්නේය, නුඹද එය කෙරෙහි ආණ්ඩු කරන්නෙහියයි කීසේක.කායින් තමාගේ සහෝදරවූ ආබෙල්ට කථාකෙළේය. තවද ඔවුන් කෙතෙහි සිටි කල්හි කායින් තමාගේ සහෝදරවූ ආබෙල්ට විරුද්ධව නැගිට ඔහු මැරුවේය."* සහෝදරයෙනි, ඊර්ෂ්‍යාව සහෝදරයෙකු මරන්නට තරම් හේතු වූ ආකාරය ඔබට පෙනේ. ඊර්ෂ්‍යාව නිසා අපේ පියා වූ යාකොබ් තම සහෝදරයා වූ ඒසව් වෙතින් පලා ගියේය. ඊර්ෂ්‍යාව නිසා යෝසෙප් මරණයට පත්

කිරීමට පෙලඹවූ අතර ඔහු වහල්භාවයට පැමිණෙවුවේය. උත්පත්ති 37මිසරයේ රජු වූ පාරාවෝ වෙතින් පලා යන්නට ඊර්ෂ්‍යාව මෝසෙස්ට බල කළේය. ඔහු ඔහුගේ සහෝදරයාගෙන් මේ වචන ඇසූ විට, *"අප කෙරෙහි විනිශ්චයකරුවෙකු හෝ පාලකයෙකු ලෙස ඔබ පත් කළේ කවුද? ඔබ ඊයේ මිසර ජාතිකයා මරා දැමුවාක් මෙන් මාත් මරා දමන්ට හදනවාද?"*නික්මයාම 2:14. ඊර්ෂ්‍යාව නිසා ආරොන්ට සහ මීරියම්ට කඳවුරෙන් පිටත වාසය කිරීමට සිදු විය. ගණන් කථාව 12:14-15 ඊර්ෂ්‍යාව හේතුවෙන් දෙවියන් වහන්සේගේ සේවක මෝසෙස්ට විරුද්ධව ද්‍රෝහී වීම නිසා දතාන් සහ අබිරාම් පණ පිටින් පාතාලයට හෙළනු ලැබිණි. ගණන් කථාව 16:33 ඊර්ෂ්‍යාව හේතුවෙන් දාවිත් විදේශිකයන්ගේ වෛරයට පාත්‍ර වූවා පමණක් නොව,ඉශ්‍රායෙල්හි රජ වූ සාවුල්ගේ පීඩාවටද ලක් විය.

5වන පරිච්ඡේදය

මෑත කාලයේ එම මූලාශ්‍රයෙන්ම මතු වූ නපුරුකම් අඩු වී නැත

ජේතෘස්තුමාගේ සහ පාවුලුතුමාගේ ප්‍රාණ පරිත්‍යාගය.

පුරාණ උදාහරණ ගැන දිගටම කථා නොකරන පිණිස, අපි මෑතකාලීන ආත්මික වීරයන් වෙත පැමිණෙමු. අපේම පරම්පරාව තුළ සපයා ඇති උදාර ආදර්ශ අපි ගනිමු. ඊර්ෂ්‍යාවෙන් යුතුව [සභාවේ] ශ්‍රේෂ්ඨතම සහ වඩාත්ම ධර්මිෂ්ඨ කුලුනුවලට පීඩා කරනු ලැබ මරණයට පත් කර ඇත. කීර්තිමත් ප්‍රේරිතයන් ගැන අපි සලකමු. අධර්මිෂ්ඨ ඊර්ෂ්‍යාව තුළින් පැමිණි වේදනා එකක් හෝ දෙකක් නොව බොහොමයක් ජේතෘස්තුමා විඳ දරාගත්තේය. ඔහු දිගු කලක් පුරා වේදසාක්ෂිකයෙකු ලෙස දුක් විඳ මරණයට පත් වී, ඔහුට නියම වූ මහිමාන්විත ස්ථානයට ගියේය. ඊර්ෂ්‍යාව නිසා තමා වෙත පැමිණි කාරණා ඉවසිලිවන්තව විඳ දරාගෙන පාවුලුතුමා එහි විපාකයද අත්කරගත්තේය. එතුමා හත් වතාවක් සිරගත කරනු ලැබ පලා යාමට බල කෙරිණි. පෙරදිග හා බටහිර යන දෙකොටසෙහිම දේශනා කිරීමෙන් පසුව, එතුමා තමාගේ ඇදහිල්ල සම්බන්ධයෙන් කීර්තිමත් ගෞරවයක් දිනා ගත්තේය. මුළු ලෝකයටම ධර්මිෂ්ඨකම ඉගැන්වීමෙන්, බටහිර සීමාවල අන්තයටම පැමිණ, වේදසාක්ෂිකයෙකු ලෙස අධිපතීන් යටතේ මරණයට පත් විය. මෙසේ ඔහු ලෝකයෙන් ඉවත් කරනු ලැබ, ඉවසීමේ කැපී පෙනෙන ආදර්ශයක් බව ඔප්පු කර ශුද්ධ ස්ථානයට ගියේය.

6වෙන පරිච්ඡේදය

තවත් ප්‍රාණ පරිත්‍යාගිකයන් කිහිප දෙනෙක්

ශුද්ධකමේ ජීවිතයක් ගත කළ මේ මනුෂ්‍යයන්ට, ඊර්ෂ්‍යාව හේතුකොටගෙන කෝපය සහ වධ හිංසා විඳ දරාගෙන අපට විශිෂ්ට ආදර්ශයක් ලබා දුන්,තෝරාගනු ලැබූවන්ගේතවත් විශාල පිරිසක් එකතු කළ යුතුය. ඊර්ෂ්‍යාව නිසා, ඩැනයිඩ්ස් සහ ඩර්කේ යන කාන්තාවෝ පීඩාවට පත් කරනු ලැබූහ.ඔවුන් දරුණු හා කිය නොහැකි ආකාරයේ වධ හිංසා විඳීමෙන් පසුව,ශරීරයෙන් දුර්වල වුවද ඔවුන්ගේ ඇදහිල්ලේ ගමන ස්ථිරව අවසන් කළ අතර, ඔවුන්ට අනර්ඝ විපාකයක් ලැබුණි. ඊර්ෂ්‍යාව භාර්යාවන් තම ස්වාමි පුරුෂයන්ගෙන් වෙන් කිරීමට හේතු වී ඇති අතර, අපගේ පියා වන ආදම්ගේ ප්‍රකාශය වන, *"මෑ මාගේ ඇටවලින් ඇටය, මාගේ මාංසයෙන් මාංසයය"* යන්නවෙනස් කර කීමට සලස්වා ඇත. උත්පත්ති 2:23. ඊර්ෂ්‍යාව හා ආරවුල් හේතුවෙන් මහා නගර පෙරළා දමා, බලවත් ජාතීන් මුලිනුදුරා දමනු ලැබ ඇත.

7වෙන පරිච්ඡේදය

පසුතැවිලි වීමට අනුශාසනාවක්

ප්‍රිය සහෝදරය, මේ දේවල් අප ඔබට ලියන්නේ හුදෙක් ඔබේ යුතුකම ගැන ඔබට අවවාද කිරීමට පමණක් නොව, අප ගැනද සිහිපත් කර දීමටය. මක්නිසාද අප එකම සටන් බිමක පොරබදිමින් සිටින අතර එකම සටන අප දෙගොල්ලටමට නියම කර ඇත. එබැවින් නිෂ්ඵල සහ ඵල රහිත කාරණා අත්හැර අපගේ ශුද්ධ කැඳවීමේ තේජාන්විත හා ගෞරවනීය පාලනයට ප්‍රවේශ වෙමු. අප මැවූ උන් වහන්සේ ඉදිරියෙහි යහපත්, ප්‍රසන්න හා පිළිගත හැකි දේට අපි සහභාගි වෙමු. අපි ක්‍රිස්තුස් වහන්සේගේ රුධිරය දෙස නොසැලී බලමින්, මුළු ලෝකයා ඉදිරියේ පසුතැවිලි වීමේ වරප්‍රසාදය තබා ඇති අපගේ ගැළවීම උදෙසා වැගිරෙවූ එම රුධිරය දෙවියන් වහන්සේට කොතරම් වටිනවාද යන්න බලමු. එයින් ලැබී ඇත. ගෙවී ගිය සෑම යුගයක් දෙසම නැවතත් හැරී බලා, පරම්පරාවෙන් පරම්පරාවටස්වාමින් වහන්සේ තමා වෙතට හැරෙන සියල්ලන්ට පසුතැවිලි වීමේ අවස්ථාවක් ලබා දී ඇති බව ඉගෙන ගනිමු. නෝවා පසුතැවිලි වීම ගැන දේශනා කළ අතර ඔහුට සවන් දුන් බොහෝදෙනෙක් ගැළවුණෝය. යෝනා නිනිවයේ වැසියන්ට විනාශය

ප්‍රකාශ කළේය. යෝනා 3. එහෙත් ඔවුහුදෙවියන් වහන්සේගේ ගිවිසුමට අන්‍ය ජාතීන් වූවද,යාච්ඤාවෙන් දෙවියන් වහන්සේගේ කැමැත්ත සොයා ඔවුන්ගේ පාප ගැන පසුතැවිලි වී ගැළවීම ලබා ගත්හ.

8වන පරිච්ඡේදය

පසුතැවිල්ලට ගරු කිරීම තවදුරටත්

දෙවියන් වහන්සේගේ අනුග්‍රහයේ දේව සේවකයන් ශුද්ධාත්මයාණන් වහන්සේ කරණකොටගෙන පසුතැවිලි වීම ගැන ප්‍රකාශ කර ඇති අතර සැම දෙයකම ස්වාමීන් වහන්සේ ඒ පිළිබඳව දිවුරුම් මගින් ප්‍රකාශ කර ඇත. *"මා ජීවත්ව සිටින බව සැබෑවා සේම, පව්කාරයාගේ මරණයට නොව ඔහුගේ පසුතැවිල්ලට මම කැමති වෙමි;"* එසකියෙල් 33:11 මෙම අනුග්‍රහයේ ප්‍රකාශය තවදුරටත්, *"ඉශ්‍රායෙල් වංශය, ඔබගේ අයුතුකම ගැන පසුතැවිලි වන්න"*යි පවසයි. එසකියෙල් 18:30. මාගේ සෙනඟගේ දරුවන්ට කියන්න, ඔබේ පාප පොළොවෙන් ස්වර්ගයට පැමිණියත්, ඒවා ලාක්ෂා මෙන් රතුවතිබුණත්, යෙසායා 1:18 හා ගෝනි රෙදිවලට වඩා කළු වූවත්, ඔබ මුළු හදවතින්ම මා දෙසට හැරී ඇවිත්, පියාණෙනි! යැයි පැවසුවහොත් ශුද්ධ වූ සෙනඟකට මෙන් මම ඔබට සවන් දෙමි. තවත් තැනක උන් වහන්සේ මෙසේ කියන සේක: *"ඔබ සෝද පවිත්‍ර වන්න; ඔබේ ආත්මයේ දුෂ්ටකම මාගේ ඇස් ඉදිරියෙන් ඉවත් කරන්න. ඔබේ නපුරු මාර්ගවලින් ඉවත් වී යහපත කිරීමට ඉගෙනගන්න. සාධාරණකම සොයන්න සොයන්න, පීඩිතයන් ගලවාගන්න, පියා නැති අය විනිශ්වය කරන්න, වැන්දඹුවට යුක්තිය ඉටු වන බවට සහතික වන්න. එන්න, අපි එක්ව මන්ත්‍රණය කරමු. උන් වහන්සේ ප්‍රකාශ කරන්නේ, ඔබේ පාප තද රතු පාටට තිබුණත්, මම ඒවා හිම මෙන් සුදු කරන්නෙමි. ඒවා තද රතු පාටට ලාක්ෂා මෙන් වූවත් මම ඒවා ලොම් මෙන් සුදු කරන්නෙමි. ඔබ කැමති නම්, මට කීකරු වන්නේ නම්, ඔබ දේශයේ යහපත අනුභව කරන්නහුය. එහෙත්, ඔබ එය ප්‍රතික්ෂේප කර මට ඇහුම්කන් නොදෙන්නේ නම්, කඩුව ඔබ ගිල දමනු ඇත. මන්ද, සමිඳාණන් වහන්සේගේ මුඛය මේ දේවල් කීවේය."* යෙසායා 1:16-20 එබැවින්,උන් වහන්සේගේ සියලු ප්‍රේමණීය අයවලුන් පසුතැවිල්ලේ හවුල්කරුවන් විය යුතු යැයි ආශා වෙමින්උන් වහන්සේ සිය සර්වබලධාරී කැමැත්තෙන් [මෙම ප්‍රකාශ] දක්වා තිබේ.

9වන පරිච්ඡේදය

ශුද්ධවන්තයන්ගේ උදාහරණ

එබැවින්, අපි උන් වහන්සේගේ විශිෂ්ටහා මහිමාන්විත කැමැත්තට යටහත්ව කීකරු වෙමු. උන් වහන්සේගේ දයාව හා ප්‍රේමණීය කරුණාව අයැද සිටින අතර, අපි සියලු ඵල රහිත ක්‍රියා හා ආරවුල් සහ මරණයට තුඩු දෙන ඊර්ෂ්‍යාව අත්හරිමු. එසේම අපි උන් වහන්සේ වෙත හැරී උන් වහන්සේගේ දයානුකම්පාව වෙත යොමු වෙමු. උන් වහන්සේගේ විශිෂ්ට මහිමය උදෙසා පරිපූර්ණ ලෙස සේවය කළ අය ගැන අපි ස්ථිරව මෙනෙහි කරමු. උදාහරණයක් ලෙස,කීකරුකම නිසා ධර්මිෂ්ඨ යැයි හඳුනාගත් ඒනොක් වෙනස් කරනු ලැබූ අතර, ඔහු කිසි දිනක මරණ රසය නොබැලුවේය. නෝවා විශ්වාසවන්තව සිටිමින් ඔහුගේ සේවය තුළින් ලෝකයට පුනර්ජීවනය දේශනා කළේය. එසේ සමිඳාණන් වහන්සේ එකම අදහසක් ඇතිව, නැවට ඇතුළු වූ සතුන් උන් වහන්සේ විසින්ම බේරාගත් සේක.

10වන පරිච්ඡේදය

ඉහත සඳහන් කාරණා තව දුරටත්

"මිතුරා" ලෙස හඳුන්වා ඇති ආබ්‍රහම් දෙවියන් වහන්සේගේ වචනවලට කීකරු වූ නිසා විශ්වාසවන්ත අයෙකු ලෙස ගණන් ගන්නා ලදී. තම රටෙන්, තම නෑදෑයින්ගෙන් සහ පියාගේ නිවසින් පිටත්ව, කුඩා භූමි ප්‍රදේශයක්, දුර්වල පවුලක් සහ නොවැදගත් නිවසක් අත්හැර දමා, දෙවියන් වහන්සේගේ පොරොන්දු උරුම කරගන්නා පිණිස ඔහු කීකරුකමෙන් ගමන් කළේය. මක්නිසාද යත්, දෙවියන් වහන්සේ ඔහුට කතා කොට, *"ඔබේ රටෙන්ද නෑදෑයින්ගෙන් ද ඔබේ පියාගේ ගෙදරින්ද පිටත්ව මා ඔබට පෙන්වන දේශයට යන්න. මම ඔබ මහත්ජාතියක් කරන්නෙමි, ඔබට ආශීර්වාද කර, ඔබේ නාමය උතුම් කරන්නෙමි, එවිට ඔබද ආශීර්වාදයක් වනු ඇත. ඔබට ආශීර්වාද කරන අයට මම ආශීර්වාද කරන්නෙමි. ඔබට ශාප කරන්නන්ට මම ශාප කරන්නෙමි. ඔබ කරණකොටගෙන පොළොවේ සියලු පවුල් ආශීර්වාද ලබනවා ඇත."* උත්පත්ති 12:1-3. නැවතත්, ඔහු ලොත්ගෙන් ඉවත්ව යන විට, දෙවියන් වහන්සේ ඔහුට කතා කොට, *"ඔබේ ඇස් ඔසවා, දැන් ඔබ සිටින ස්ථානයෙන්, උතුරට, දකුණට, නැගෙනහිර දෙස හා බටහිර දෙස බලන්න; මක්නිසාද ඔබ දකින දේශය නුඹටත් ඔබේ වංශයටත්*

සදහටම දෙන්නෙමි. මම නුඹේ වංශය පොළොවේ දූවිලි මෙන් කරන්නෙමි. මිනිසෙකුට පොළොවේ දූවිලි ගණන් කළ හැකි නම්, ඔබේ වංශයද ගණන් කරන්නට හැකි වේ."උත්පත්ති 13:14-16. දෙවියන් වහන්සේ ආබ්‍රම් පිටතට කැඳවා: "දැන් අහස දෙසට ඇස් ඔසවා එහි ඇති තාරකා ගණන් කළ හැකි නම් ඒවා ගණන් කරන්න. ඔබේ වංශයද එසේම වනු ඇත. ආබ්‍රම් දෙවයන් වහන්සේ විශ්වාස කළේය. එය ඔහුට ධර්මිෂ්ඨකම කොට ගණන් ගන්නා ලදී." ඔහුගේ ඇදහිල්ල හා ආගන්තුක සත්කාරය නිසා, මහලු වියේදී ඔහුට පුතෙකු ලැබුණි. කීකරුකමෙහි පැවතිඔහු, උන් වහන්සේ ඔහුට පෙන්වූ කන්දක් මතදී දෙවියන් වහන්සේට පූජාවක් ලෙස ඔහු ඔප්පු කළේය.

11වන පරිච්ඡේදයඃ

ඉහත කාරණා තව දුරටත්ඃ ලොත්

සමස්ත සොදෙම ගින්නෙන් සහ ගෙන්දගම්වලින් විනාශ වන පරිදි දඬුවම් ලත් අවස්ථාවේදී, ඔහුගේ ආගන්තුක සත්කාරය හා භක්තිවන්තකම හේතුවෙන්, ලොත් ගලවනු ලැබුවේය. ඒ අනුව ස්වාමින් වහන්සේ උන් වහන්සේ කෙරෙහි බලාපොරොත්තු වන අය අත් නොහරින බවත්,උන් වහන්සේගෙන් වෙන් වන අය දඬුවමට හා වධ හිංසාවලට ඉඩ හරින බවත් ප්‍රකාශ කරන සේක.

උත්පත්ති 14. සසඳන්න 2 පේත්‍රුස් 2:6-9. මක්නිසාද ඔහු සමඟ පිටත්ව ගිය ලොත්ගේ භාර්යාව ඔහුට වඩා වෙනස් අදහසක් ඇතිව, ඔහු සමඟ [ඔවුන්ට දී ඇති ආඥවට] දිගටම එකඟ නොවී, අද දක්වාම ලුණු කණුවක් වීමෙන් නිදසුනක් බවට පත් කරනු ලැබිණි. මෙය සිදු කරනු ලැබුවේ දෙබිඩි මනසක් ඇතිව, දෙවියන් වහන්සේගේ බලය කෙරෙහි අවිශ්වාසයෙන් කටයුතු කරන අය, තමන් වෙතම විනිශ්චය පමුණුවා ගැනීමෙන් මතු පරම්පරාවලට ලකුණක් වීම සම්බන්ධ සියලු දෙනාම දැනගන්නා පිණිසය.

12වන පරිච්ඡේදය

ඇදහිල්ලේ හා ආගන්තුක සත්කාරයේ විපාක; රාහබ්

වේශ්‍යාවක් වූ රාහබ්ගේ ඇගේ ඇදහිල්ල හා ආගන්තුක සත්කාරය නිසා ගැළවුණාය. නූන්ගේ පුත් යෝෂුවා විසින් පේරිකෝව වෙත

ඔත්තුකරුවන් යවන ලද අවස්ථාවේදී, ඔවුන් තම රටේ ඔත්තු බැලීමට පැමිණි බව එම රජතුමා දැනගත් කල ඔවුන් අල්ලා ගැනීමටත් එසේ ඔවුන් අසු වුවහොත් මරණ පිණිසත් මිනිසුන් යැව්වේය. එහෙත් ආගන්තුක සත්කාරයට ලැදි වූ රාහබ් ඔවුන් පිළිගෙන, ඇයගේ නිවසේ වහලය මත වූ හණ ගොඩ යට ඔවුන් සඟවා තැබුවාය. රජු විසින් එවන ලද මිනිස්සු පැමිණ, *"අපේ දේශය ගැන ඔත්තු බැලීමට පැමිණි මිනිස්සු ඔබ ළඟට ආවෝය. රජ ඔවුන් අල්ලා ගෙන ඒමට අණ කළ බැවින්, ඔවුන් මෙහි රැගෙන එන්න"*යයි කීවෝය. එවිට ඇය උත්තර දෙමින්, *"ඔබ සොයන මිනිසුන් දෙදෙනා මා ළඟට පැමිණි බව සැබෑය. එහෙත් ඔවුහු නැවත ගියෝය"* යයි පැවසුවාය. එහෙත් ඇය ඔත්තුකරුවන් සැඟෙව්වාය. පසුව ඇය එම පුරුෂයන්ට කතා කොට, *"ඔබේ සමිඳාණන් වන දෙවියන් වහන්සේ මේ නගරය ඔබට දුන් බව මම සහතික ලෙස දනිමි. මක්නිසාද ඔබ නිසා මහත් භීතිය පැමිණ මෙහි වැසියන්ගේ සිත් දියව යන්නට පටන්ගෙන ඇත. එබැවින් ඔබ මෙම රට අල්ලාගත් පසු, මා සහ මාගේ පියාගේ ගෙයි වැසියන් ආරක්ෂා කරන්න"*යි කීවාය. ඔවුහු ඇයට කතා කොට, *"ඔබ අප සමඟ පැවසූ ආකාරයටම එය සිදු වේවා. එබැවින්, අප ළඟ බව ඔබ දැනගත් විගස, ඔබ ඔබේ පවුලේ සියල්ලන්ම ඔබේ වහලය යටට එක්රැස් කරගන්න. එවිටඔවුන් ආරක්ෂා කරනු ලැබේ.එහෙත් ඔබේ නිවසින් එපිට ඇති සියල්ලම විනාශ කරනු ලැබේ."*එපමණක්ද නොව, ඔවුහු ඇයගේ නිවසේ බාල්කයේ තද රතු පැහැති නූලක් එල්ලා තැබිය යුතු බවට ලකුණක් ලබා දුන්හ. එමගින් දෙවියන් වහන්සේ කෙරෙහි විශ්වාස කරන හා බලාපොරොත්තුවෙන් සිටින සියල්ලන්ට මිදීම ස්වාමින් වහන්සේගේ රුධිරය තුළින් ගලා යා යුතු බව ඔවුහු පෙන්නුම් කළහ. ප්‍රේමවන්තයෙනි, ඒ අනුව මේ ස්ත්‍රිය තුළ ඇදහිල්ල පමණක් නොව අනාවැකිද තිබූ බව ඔබට පෙනේ.

13වන පරිච්ඡේදය

යටහත්කම සඳහා අනුශාසනාවක්

එබැවින් සහෝදරවරුනි, සියලු උඩඟුකම, අහංකාරකම, මෝඩකම සහ කෝප සහගත හැඟීම් පසෙකට දමා යටහත් මනසක් ඇතිව සිටිමු. එසේ ලියා ඇති දේ අනුව අපි ක්‍රියා කරමු (ශුද්ධාත්මයාණන් වහන්සේ මෙසේ පවසන සේක. *ප්‍රඥවන්තයා තමාගේ ප්‍රඥව ගැනවත්, උසස් මනුෂ්‍යයා තමාගේ උතුම්කම ගැනවත්, ධනවත් මනුෂ්‍යයා තමාගේ ධනවත්කම ගැනවත් පාරට්ටු නොකෙරේවා. ඒ වෙනුවට උනන්දුවෙන් උන් වහන්සේ සොයමින් යුක්තිය සහ*

ධර්මිෂ්ඨකම කරමින් ඔහු තමාගේ ස්වාමින් වහන්සේගේ මහිමය තුළ පාරට්ටු කරගනීවා). ස්වාමින් වන යේසුස් වහන්සේ යටහත්කම සහ බොහෝ ඉවසිලිවන්තකම උගන්වමින් පැවසූ වචන ගැන විශේෂයෙන් සිහි කරමු. මක්නිසාද උන් වහන්සේ මෙසේ කී සේක: *"ඔබට දයාව ලැබෙන පිණිස දයාවන්ත වන්න. ඔබට සමාව ලැබෙන පිණිස සමාව දෙන්න. ඔබ අනුන් කෙරෙහි යම් සේ ක්‍රියා කරනවාද, ඔබටද එසේම සිදු වනු ඇත. ඔබ අනුන් විනිශ්චය කරන විට ඔබද විනිශ්චයට ලක් කරනු ලැබේ. ඔබ කරුණාවන්ත වන්නා සේම, ඔබටද කරුණාව පෙන්වනු ලැබේ. ඔබ යම් මිම්මකින් මැන දෙන්නහුද, ඔබටද එම මිම්මෙම්ම මැන දෙනු ලැබේ."* අපි උන් වහන්සේගේ ශුද්ධ වචනවලට සියලුම කීකරුකමින් සහ යටහත් බවින් යුක්තව ගමන් කරන බව මෙම පනත් හා මෙම නීති මගින් ස්ථිර කර ගනිමු. මන්ද ශුද්ධ වචනයෙහි මෙසේ පවසා ඇත. *"යටහත්, තැළුණු සිත් ඇත්තාවූ, මාගේ වචනවලට වෙවුලන්නාවූමනුෂ්‍යා දෙස බලමි"* යෙසායා 66:2.

14වන පරිච්ඡේදය

ද්‍රෝහී කතුවරුන්ට කීකරු වනවාට වඩා අපි දෙවියන් වහන්සේට කීකරු විය යුතු වෙමු

එබැවින් පුරුෂයෙනි, සහෝදරවරුනි. අහංකාර බවෙන් හා ද්‍රෝහී ක්‍රියාවලින් පිළිකුල් සහගත අනුකරණයේ යෙදෙන නායකයන් බවට පත්ව ඇති අය අනුගමනය කරනවාට වඩා දෙවියන් වහන්සේට කීකරු වීම යහපත් සහ ශුද්ධ දෙයකි. මක්නිසාදයහපත් කාරණාවලින් අප ඉවත් කරන, සිත් ඇදගන්නාසුලු ආරවුල් සහ කැලඹීම් අරමුණු කරගත් මිනිසුන්ගේ නැඹුරුතාවන්ට අප යටත් වුවහොත් අපට සිදු වන්නේ සුළුපටු හානියක් නොව විශාල අනතුරකි. අපි අපගේ මැවුම්කරුවාණන් වහන්සේගේ මුදු මොළොක් දයාව හා අවංකකම අනුව එකිනෙකාට කරුණාවන්ත වෙමු. *"මක්නිසාද කරුණාවන්ත අය දේශයෙහි වාසය කරනු ඇත, එසේම නිදෙස් අය එහි වාසය කරනු ඇත. එහෙත් අපරාධකරුවන් එම දේශයෙන් විනාශ කරනු ලබනු ඇත."* හිතෝපදේශ 2:21-22. නැවතත් [ශුද්ධ ලියවිල්ලෙහි] මෙසේ පවසයි. *"දුෂ්ටයින් ඉතා උසස් කර, ලෙබනනයේ දේවදාර ගස් මෙන් උසස් කරනු මම දුටුවෙමි. මම එතැනින් පසුකර ගියෙමි. බලව, ඔහු එහි නැත. මම ඉතා උනන්දුවෙන් ඔහු සිටි ස්ථානයේ ඔහු සෙව්වෙමි. එහෙත් මට ඔහු සොයාගන්නට නොහැකි විය. නිදෙස්ව සිටින්න. සාධාරණ බවින් යුතුව ජීවත් වන්න. මක්නිසාද සාමකාමී මිනිසාට කොටසක් ඉතිරිව ඇත."*

15වන පරිච්ඡේදය

අප අනුගමනය කළ යුත්තේ සමාදානය ඇති කරන අය මිස හුදෙක් එසේ කරන බව මවා පාන අය නොවේ

එබැවින්,වංචනික ලෙස සමාදානයට ආශා වන බවට පවසන අයට නොව, දේව භක්තියෙන් යුතුව සමාදානය ඇති කරන අයට අපි ඇලුම් කරමු. මක්නිසාද [ශුද්ධ ලියවිල්ල] එක් ස්ථානයක මෙසේ පවසයි: *"මේ ජනතාව ඔවුන්ගේ ඔවුන්ගේ තොල්වලින් මට ගෞරව කරති, නමුත් ඔවුන්ගේ සිත මාගෙන් දුරස්ව ඇත. නැවතත්: ඔවුහු ඔවුන්ගේ මුඛයෙන් ආශිර්වාද කරති, නමුත් ඔවුන්ගේ හදවතින් ශාප කරති. එසේම නැවතත් එහි මෙසේ පවසයි. ඔව්හු තම මුඛයෙන් උන් වහන්සේට ප්‍රේම කළෝය. ඔවුන්ගේ දිවෙන් උන් වහන්සේට බොරු කීවෝය. නමුත් ඔවුන්ගේ සිත උන් වහන්සේ සමඟ නිවැරදි නොවීය, එසේම ඔවුහුඋන් වහන්සේගේ ගිවිසුමට විශ්වාසවන්තව නොසිටියහ."* රැවටිලිකාර තොල් නිශ්ශබ්ද වේවා, [එසේම ස්වාමීන් වහන්සේ බොරු කියන සියලු තොල් විනාශ කරන සේක්වා]. *"අපේ දිව මහිමවත් කරමු: අපේ තොල් අපේමය; අපට අධිපතියා වන්නේ කවුරුන්ද? යනුවෙන් පැවසූ අහංකාර දිව ඇති අය අසන්න. දුප්පතුන්ට පීඩා කිරීම සහ අගහිඟකම් ඇති අයගේ සුසුම්ලෑම නිසා මම දැන් නැගිටිමි. මම ඔහු සුරක්ෂිත ස්ථානයක තබන්නෙමි. මම ඔහු සමග නිසැක ලෙස කටයුතු කරන්නෙමි යයි ස්වාමීන් වහන්සේ පවසන සේක."*

16වන පරිච්ඡේදය

ක්‍රිස්තුස් වහන්සේ යටහත්කමේ උදාහරණයක් ලෙස

මක්නිසාද ක්‍රිස්තුස් වහන්සේ යටහත් මනසක් ඇතිව සිටිහ අය මිස උන් වහන්සේගේ රැළට වඩා තමන් උසස් කරගන්නා අය කෙරෙහි නොවන සේක. දෙවියන් වහන්සේගේ මහිමයේ ජයකොන්තය වන අපගේ ස්වාමීන් වන යේසුස් ක්‍රිස්තුස් වහන්සේ උඩඟුකමින් හෝ අහංකාරකමින් යුක්තව නොපැමිණි සේක. උන් වහන්සේට එසේ කළ හැකිව තිබුණේ වී නමුත්, ශුද්ධාත්මයාණන් වහන්සේ උන් වහන්සේ ගැන ප්‍රකාශ කළ පරිදි යටහත්පහත් තත්වයක සිටි සේක. *"මක්නිසාද ස්වාමිනි, අප විසින් දැන්වූ දේ විශ්වාස කළේ කවුද? ස්වාමීන්වහන්සේගේ හස්තය කාට එළිදරව්වීද? මක්නිසාද උන්වහන්සේ ළා පැලයක් මෙන්ද වියළි බිමින් මතුවෙන අංකුරයක්*

මෙන්ද ඔවුන් ඉදිරියෙහි හටගත්සේක. උන්වහන්සේට රුවවත් ශෝභනකමවත් නැත; අප විසින් උන්වහන්සේ දකින විට උන්වහන්සේ කෙරේ ආශාවීමට ලක්ෂණකමක්ද නැත. උන්වහන්සේ මනුෂ්‍යයන් විසින් සුළුකොට එපාකරනු ලැබූසේක; වේදනා ඇත්තාවූ දුක දන්නාවූ මනුෂ්‍යයෙක්ය. මනුෂ්‍යයන් විසින් තමුන්ගේ මුහුණ සඟවාගන්න කෙනෙකු මෙන්, උන්වහන්සේ සුළුකරනු ලැබූසේක, අපිද උන්වහන්සේ නොසැලකුවෙමුව. සැබවින්ම උන්වහන්සේ උසුලාගත්තේ අපේ දුක්ය, දරාගත්තේ අපේ ශෝකය. එසේ වී නුමුත් උන්වහන්සේ දඬුවමද දෙවියන් වහන්සේගෙන් පහරද පීඩාවද ලැබූ කෙනෙකැයි අපි සිතීමුව.නුමුත් උන්වහන්සේ තුවාල ලැබුවේ අපේ අපරාධ නිසාය, පොඩිකරනු ලැබුවේ අපේ අයුතුකම් නිසාය. අපට සමාදනය ගෙනදෙන දඬුවම උන්වහන්සේ පිටට පැමුණුණේය; උන්වහන්සේගේ පහරවලින් අපට සුවය ලැබී තිබේ. අපි සියල්ලෝම බැටළුවන් මෙන් මුළාවී, එකිනෙකා තම තමාගේම මාර්ගයට හැරී ගියෙමුව; ස්වාමීන්වහන්සේද අප සියල්ලන්ගේ අයුතුකම උන්වහන්සේ පිට තැබූසේක. උන්වහන්සේට පීඩා කළ විට, උන්වහන්සේ යටත්වී තමන්ගේ මුඛය නෑර සිටිසේක;මරන්ට ගෙනයන බැටළු පැටවකු මෙන්ද බැටළු දෙනක් ලෝම කපන්නන් ඉදිරියෙහි නිශ්ශබ්දව සිටින්නාක්මෙන්ද උන්වහන්සේ තමන් මුඛය නෑර සිටිසේක. උන්වහන්සේ බලහත්කාරකමෙන්ද විනිශ්චයෙන්ද පහකරනු ලැබූසේක. ජීවත්ව සිටින්නන්ගේ දේශයෙන් උන්වහන්සේ සිඳදමනු ලැබූ බව උන්වහන්සේගේ පරම්පරාවෙහි කවරෙක් කල්පනා කළේද? උන්වහන්සේ තළනු ලැබුවේ මාගේ සෙනඟගේ වරද නිසාය. ඔව්හු උන්වහන්සේගේ මිනීවළ දුෂ්ටයන් අතරෙහි තිබෙන්ට නියමකළෝය, නුමුත් උන්වහන්සේගේ මරණයේදී එය වස්තුකාරයන් සමඟ විය; මක්නිසාද උන්වහන්සේ අධර්මිෂ්ඨකමක් කළේවත් උන්වහන්සේගේ මුඛයෙහි කිසි ප්‍රයෝගයක් තිබුණේවත් නැත.එහෙත් උන්වහන්සේ පොඩිකරන්ට ස්වාමීන්වහන්සේ කැමතිව දුකට පත්කළසේක. ඔබ උන්වහන්සේගේ ප්‍රාණය පාප-පූජාවක් කරන විට උන්වහන්සේ තමන්ගේ වංශය දැක තමන් දවස් වැඩිකරනසේක, ස්වාමීන්වහන්සේගේ කැමැත්තද උන්වහන්සේගේ අතෙහි සඵලවන්නේය. උන්වහන්සේ තමන් ආත්ම වේදනාවේ ඵල දැක තෘප්තියට පැමිණෙනසේක. මාගේ ධර්මිෂ්ඨ සේවකයා ස්වකීය දැනගැන්ම කරණකොටගෙන බොහෝ දෙනෙකු ධර්මිෂ්ඨකරනවා ඇත. ඔවුන්ගේ අයුතුකම්ද උන්වහන්සේම දරාගන්නවා ඇත. එබැවින් මම බොහෝ දෙනෙකු අතරෙහි උන්වහන්සේට කොටසක් බෙද දෙන්නෙමි, බලවන්තයන් සමඟද උන්වහන්සේ කොල්ලය බෙදගන්නවා ඇත; මෙසේ වන්නේ තමන් ප්‍රාණය මරණයට වගුරුවා දී,වරදකාරයන් සමඟ ගණන්ගනු ලැබ,උන්වහන්සේම බොහෝ දෙනෙකුගේ පාප උසුලාගත් නිසාය,වරදකාරයන් උදෙසාද

උන්වහන්සේ මැදහත්කම්කරනසේක." එසේම උන් වහන්සේ නැවතත් මෙසේ කියන සේක. "*මම පණුවෙක් මිස මිනිසෙක් නොවෙමි. මිනිසුන්ට නින්ද අපහාසයක් වෙමි. මා දකින සියල්ලෝ මට සමච්චල් කළහ; ඔව්හු තොල්වලින් මට අපහාස කතා කළහ; ඔවුහු දෙවියන් වහන්සේ කෙරෙහි බලාපොරොත්තුවෙන් සිටි බව කියමින් ඔවුහු හිස ඔසවාගෙන සිටිති. උන්වහන්සේ ඔහු කෙරෙහි ප්‍රීති වන බැවින් උන් වහන්සේ ඔහු ගලවාගනු ඇත.*" ප්‍රේමවන්තයෙනි, අපට දී ඇති ආදර්ශය කුමක්දැයි ඔබට පෙනේ. මක්නිසාද යත්, සමිඳාණන් වහන්සේ මෙසේ නිහතමානී වූ සේක් නම්,උන් වහන්සේ කරුණාකොටගෙන උන් වහන්සේගේ වරප්‍රසාදය යටතේ සිටින අපි කුමක් කළ යුතු වෙමුද?

17වන පරිච්ඡේදය

යටහත්කමේ උදහරණ ලෙස ශුද්ධවන්තයින්

අපි බැටළු හම්ද එළු හම්ද ඇඳගෙන,හෙබ්‍රෙව් 11:37 ක්‍රිස්තුස් වහන්සේගේ පැමිණීම ප්‍රකාශ කරමින් ගිය අය අනුකරණය කරන්නෝ වෙමු. අනාගතවක්තෘවරුන් අතර එලියා, එලිෂා සහ එසකියෙල්[ශුද්ධ ලියවිල්ලෙහි] යන අය මෙන්ම ඒ හා සමාන සාක්ෂියක් දරන අනෙක් අය මම මින් අදහස් කරමි. ආබ්‍රහම් විශේෂයෙන් ගෞරව ලැබූ අතර, ඔහු දෙවියන් වහන්සේගේ මිතුරා යයි හඳුන්වනු ලැබුවේය. එහෙත් ඔහු දෙවියන් වහන්සේගේ මහිමය ගැන උනන්දුවෙන්, යටහත්පහත්ව ප්‍රකාශ කළේ, *මා දූවිලි හා අළු පමණකි* යනුවෙනි. උත්පත්ති 18:27. එපමණක් නොව, යෝබ් පිළිබඳ මෙසේ ලියා තිබේ. "*යෝබ් ධර්මිෂ්ඨ මිනිසෙකි, නිර්දෝෂී, අවංක, දේවගරු බිය ඇති, සියලු නපුරෙන් වැළකී සිටි අයෙකි.*" යෝබ් 1:1 එහෙත්, ඔහු තමාටම විරුද්ධව චෝදනාවක් ගෙනැවිත් මෙසේ කීවේය: "*කිසිම මිනිසෙක් ඔහුගේ ජීවිතය එක් දිනක් වුවද අපවිත්‍ර වීමෙන් නිදහස් නොවන්නේය.*" යෝබ් 14:4-5. දෙවියන් වහන්සේගේ ගෘහය තුළ මෝසෙස් විශ්වාසවන්ත අයෙකු ලෙස හඳුන්වනු ලැබිණි. එසේම ඔහු උපයෝගී කරගෙන දෙවියන් වහන්සේ මිසරයට වසංගත හා වධ හිංසා පමුණුවනු ලැබූ සේක. එසේ ඔහු බොහෝ සෙයින් ගෞරවයට පාත්‍ර වූවත්, උඩඟු ලෙස කථා නොකළේය. ඒ වෙනුවට පඳුර තුළින් දෙවියන් වහන්සේගේ හඬ ඇසුණු අවස්ථාවේදී ඔහු මෙසේ පැවසීය. "*ඔබ මා යැවීමට තරම් මා කවරෙක්ද? මම දුර්වල හඬක් සහ කථා කිරීමට නොදන්නා මිනිසෙකි.*" එසේම ඔහු නැවතත් මෙසේ කීවේය. "*මම භාජනයක දුමාරයක් මෙන් වෙමි.*"

18වන පරිච්ඡේදය

යටහත්කම පිළිබඳ උදහරණයක් ලෙස දාවිත්

එහෙත්, දෙවියන් වහන්සේ, "යෙස්සේගේ පුත්‍ර වූ දාවිත්, මාගේ හදවතට එකඟ මනුෂ්‍යයා මට හමු විය. සදාකාලික කරුණාවෙන් මම ඔහු ආලේප කළෙමි" යි පැවසීමට තරම් වූ සාක්ෂියක් ලැබූ දාවිත් පිළිබඳ අප කුමක් කිව යුතුද? එහෙත් එම මනුෂ්‍යයාම දෙවියන් වහන්සේට කතා කොට මෙසේ කීවේය. "දෙවියන් වහන්ස, ඔබගේ කරුණා ගුණය ලෙස මට දයාවුව මැනව. ඔබගේ අධික දයාබරකම ලෙස මාගේ අපරාධ මැකුව මැනව.මාගේ අයුතුකමින් මා සම්පූර්ණයෙන්ම සේදුව මැනව, මාගේ පාපයෙන් මා පිරිසිදු කළ මැනව. මක්නිසාද මාගේ අපරාධ මම ඒත්තු ගනිමි. මාගේ පාපයද නිතරම මා ඉදිරියෙහිය. ඔබට විරුද්ධව, ඔබට පමණක්ම විරුද්ධව, පව් කළෙමි, ඔබගේ ඇස් හමුයෙහි නපුරුව තිබෙන දේ කෙළෙමි. එබැවින් ඔබ කථා කරන කල සාධාරණ සේක,විනිශ්චය කරන කල ඔබ ශුද්ධ සේක. බැලුව මැනව, මම අයුතුකම සහිතව සාදනු ලැබීමි; මාගේ මෑණියෝ පාප සහිතව මා ගැබ්ගත්තාය. බැලුව මැනව, අධ්‍යාත්මයෙහි සත්‍යතාවට ඔබ කැමැති වන සේක. අප්‍රකාශවූ හෘදයෙහි ඔබ මට ඥානය දැනගන්ට සලස්වන සේක. හිසොපින් මා පිරිසිදු කළ මැනව, එවිට මම පවිත්‍ර වන්නෙමි. මා සේදුව මැනව. එවිට මම හිමට වඩා සුදු වන්නෙමි. ඔබ බින්දවූ ඇටවලට සැප ලැබෙන පිණිස ප්‍රීති සන්තෝෂය මට ඇසෙන්ට සැලැස්සුව මැනව.මාගේ පාපය කෙරෙන් ඔබගේ මුහුණ සඟවාගත මැනව, මාගේ සියලු අයුතුකම් මැකුව මැනව. දෙවියන් වහන්ස, පවිත්‍ර සිතක් මා තුළ මැවුව මැනව; ස්ථිර ආත්මයක් මා තුළෙහි අලුතෙන් සෑදුව මැනව.ඔබ ඉදිරියෙන් මා බැහැර නොකළ මැනව; ඔබගේ ශුද්ධාත්මය මාගෙන් පහ නොකළ මැනව. ඔබගේ ගැළවීමේ ප්‍රීතිය මට නැවත දුන මැනව. නිදහස් ආත්මයකින් මා දැරුව මැනව. එවිට මම අපරාධකාරයන්ට ඔබගේ මාර්ග උගන්වන්නෙමි; පව්කාරයෝද ඔබ වෙතට හරවනු ලබන්නෝය. දෙවියන් වහන්ස, මාගේ ගැළවීමේ දෙවියන් වහන්ස, මිනීමැරීමේ අපරාධයෙන් මා මුදහැරිය මැනව;මාගේ දිවද ඔබගේ ධර්මිෂ්ඨකම ගැන ශබ්ද නගා ගීතිකා කරන්නේය. ස්වාමිනි, කට අරින්ට මට පිහිටවුව මැනව; එවිට මාගේ මුඛය ඔබගේ ප්‍රශංසාව දන්වන්නේය. මක්නිසාද ඔබ පූජාවට නොකැමති සේක; කැමති සේක් නම් එය දෙන්නෙමි. ඔබ දවන පූජාවට ප්‍රසන්න නොවන සේක. දෙවියන් වහන්සේට කළ යුතු [පිළිගත හැකි] පූජා නම් බිඳුණා වූ සිතක්ය. දෙවියන් වහන්ස, බිඳුණා වූ තැළුණා වූ සිතක් ඔබ සුළු කොට නොසිතන සේක."

19වන පරිච්ඡේදය

මෙම උදාහරණ අනුකරණය කරමින්, අපි සමාදානය සොයා යමු

මේ අනුව, අපගේ පරම්පරාවෙහි පමණක් නොව, අපට පෙර සියලු පරම්පරාවල සිටි දේවභයෙන් හා සත්‍යයෙන් යුක්තව උන් වහන්සේගේ වචන පිළිගත් ශ්‍රේෂ්ඨහා කීර්තිමත් මිනිසුන් බොහෝ දෙනෙකු තුළ වූ නිහතමානීකම සහ දේවභක්තික යටත්කම ඉතාම යහපත්ය. එබැවින්, අප ඉදිරියෙහි ශ්‍රේෂ්ඨ හා මහිමාන්විත ආදර්ශ රාශියක් තබා ඇති හෙයින්, ආරම්භයේ සිටම අප ඉදිරියේ තැබූ සලකුණ වූ එම සමාදානය නැවත ක්‍රියාවට නංවමු. එසේ විශ්වයේ පියාණන් වහන්සේ හා මැවුම්කරුවාණන් වහන්සේ දෙස අපි ස්ථිරව බලමු. එමෙන්ම උන් වහන්සේගේ බලවත් හා අතිමහත් ත්‍යාග හා සාමයේ වරප්‍රසාද කෙරෙහි ඇලුම්කමින් යුක්තව අවධානය යොමු කරමු. අපි අවබෝධයෙන් උන් වහන්සේ ගැන මෙනෙහි කරමු. එසේම උන් වහන්සේගේ දිගුකාලීන කැමැත්ත දෙස අපගේ ආත්මයේ ඇස්වලින් බලමු. උන් වහන්සේගේ සියලු මැවිල්ල කෙරෙහි උන් වහන්සේ උදහසින් තොර වන්නේ කෙසේද යන්න අපි මෙනෙහි කරමු.

20වන පරිච්ඡේදය

විශ්වයේ සමාදානය හා සමගිය

උන් වහන්සේගේ පාලනය යටතේ සිටින ස්වර්ගයෝ, උන් වහන්සේ වෙත සමාදානයෙන් යටත් වෙති. දිවා රෑ දෙකම උන් වහන්සේ විසින් නියම කරන ලද ක්‍රියාමාර්ගය අනුව කිසිම ප්‍රශ්නවකින් බාධාවට පත් නොවී ක්‍රියාත්මක වේ. සූර්යයා සහ චන්ද්‍රයා, තාරකාද සමගින් උන් වහන්සේගේ අණට අනුව, ඔවුන්ටනියම කරන ලද සීමාවන් තුළ සහ කිසිදු පිට පැනීමකින් තොරව එකමුතුව ගමන් කරයි. උන් වහන්සේගේ කැමැත්තට අනුව ඵල දරන පොළොව, නිසි ඍතුවලදී මිනිසාට සහ මෘගයාටත්, පොළොවෙහි වෙසෙනසියලු ජීවීන්ටත්කිසි විටෙකත් පසුබට නොවී, උන් වහන්සේ විසින් නියම කරන ලද ආඥාවෙනස් නොකරමින් බහුල ලෙස ආහාර ලබා දෙයි. පාතාලවල සොයාගත නොහැකි ස්ථාන සහ පහළින් ඇති ලෝකයේ විස්තර කළ නොහැකි සැකසීම් එම නීති මගින්ම සීමා කරනු ලැබ ඇත. උන් වහන්සේ ක්‍රියාවෙන් විවිධ ද්‍රෝණිවලට එක්රැස් වූ අතිවිශාල මුහුද, එය වටා දමා ඇති සීමා ඉක්මවා කිසි විටෙකත් නොයන අතර, උන් වහන්සේ අණ කළ පරිදි කටයුතු කරයි. මක්නිසාද උන් වහන්සේ මෙසේ පවසා

ඇත්තේය: *"මෙතැන් දක්වා එන්නෙහිය. මෙය ඉක්මවා නොයන්නෙහිය. තාගේ උඩඟු රළ පතර මෙහි නවතින්නේය."* යෝබ් 38:11. මිනිසාට සහ ඉන් ඔබ්බට ඇති ලෝකයන්ට ගමන් කළ නොහැකිසාගරය, ස්වාමින් වහන්සේගේ එම නීති මගින්ම නියාමනය කරනු ලැබේ. වසන්ත,ගිම්හාන, සරත් හා ශීත ඍතු සාමකාමීව එකිනෙකාට තැනක් ලබා දෙමින් ක්‍රියාත්මක වෙයි. සුළං නිසි කාලයේදී එහි කාර්යය බාධාවකින් තොරව ඉටු කරයි. විනෝදය සහ සෞඛ්‍යය යන දෙකම උදෙසා නිර්මිත නිරන්තරයෙන් ගලා යන දිය උල්පත් මිනිසුන්ගේ ජීවිත්වීම උදෙසා නොවරදවා ක්‍රියාත්මක වෙයි. ඉතාම කුඩා ජීවීහු සාමයෙන් හා එකඟතාවකින් යුතුව එකට රැස් වෙති. මේ සියල්ල, සියලු දේවල ශ්‍රේෂ්ඨ මැවුම්කරුවාණන් වහන්සේ සහ ස්වාමින් වහන්සේ සාමයෙන් හා සමගියෙන් පැවතීමට පත් කර ඇත්තේය. උන් වහන්සේ සැම දෙනා හට යහපත සිදු කරන නමුත්, විශේෂයෙන්ම අපගේ ස්වාමින් වන යේසුස් ක්‍රිස්තුස් වහන්සේ කරණකොටගෙන රැකවරණය සඳහා උන් වහන්සේගේ දයානුකම්පාව වෙත පලා ගිය අපට ඉතා අධික ලෙස යහපත සිදු කරන සේක. උන් වහන්සේට සදාකාලයටම තේජස හා මහිමය වේවා! ආමෙන්.

21වන පරිච්ඡේදය

අපි ද්‍රෝහී කතුවරුන්ට නොව දෙවියන් වහන්සේට කීකරු වෙමු

ප්‍රේමණීය අයවලුනි, ප්‍රවේසම් වන්න, උන් වහන්සේගේ බොහෝ කරුණාවන්තකම අප සියලු දෙනා හෙළා දකිනු ලැබීමට හේතු නොවේවා. මක්නිසාද අපි උන් වහන්සේට සුදුස්සෙකු නොවන පරිදි ගමන් නොකරන්නෙමු නම් සහ උන් වහන්සේ ඉදිරියෙහි යහපත් හා ප්‍රසන්න කාරණා එක මනසින් යුක්තව ඉටු නොකරන්නෙමු නම් එසේ වීමට ඉඩ ඇත. මක්නිසාද [ශුද්ධ ලියවිල්ල] එක් ස්ථානයක මෙසේ පවසයි. *"මනුෂ්‍යයාගේ ආත්මය ස්වාමින් වහන්සේගේ පහනය. එය සියලුම ඇතුල් කොට්ඨාස සෝදිසි කරන්නේය."* හිතෝපදේශ 20:27. උන් වහන්සේ කෙතරම් සමීපද කියාත්, අපගේ සිතුවිලි හෝ තර්ක කිසිවක් උන් වහන්සේගෙන් සැඟවී නැති බවත් අපි සිතා බලමු. එබැවින් උන් වහන්සේගේ කැමැත්ත මගින් අපට පවරා ඇති කාර්යයෙන් අප ඉවත් නොවීම නිවැරදිය. දෙවියන් වහන්සේ අමනාප කරනවා වෙනුවට මෝඩ, නොසැලකිලිමත්, උසස් කරගනු ලබන,කථාවෙහි උඩඟුකමෙන් මහිමයට පත් වන මිනිසුන් අමනාප කර ගනිමු. අප වෙනුවෙන් රුධිරය දුන් ස්වාමින් වන යේසුස් ක්‍රිස්තුස්

වහන්සේට අපි ගරුබිය දක්වමු. අප කෙරෙහි පාලනයක් ඇති අයට අපි ගරු කරමු. අප අතර සිටින මහලු අයට ගෞරව කරමු. දෙවියන් වහන්සේට ගරුබියෙන් ක්‍රියා කිරීම උදෙසා තරුණයන් පුහුණු කරමු. අපි අපේ භාර්යාවන් යහපත් කාරණාවලට යොමු කරමු. ඔවුන් විසින් [ඔවුන්ගේ සියලු හැසිරීම්වලදී] පාරිශුද්ධත්වයේ මනහරවිලාසය ප්‍රදර්ශනය කළ යුතුය. ඔවුන් නිහතමානීකමේ අවංක ස්වභාවය පෙන්විය යුතුයි. ඔවුන් කතා කරන ආකාරයෙන් දිව සම්බන්ධයෙන් ඔවුන් වෙත ඇති අණ ප්‍රකාශ කළ යුතුය. එකිනෙකාට වැඩි කැමැත්තක් දැක්වීමෙන් නොව, දෙවියන් වහන්සේට භක්තියෙන් ගරුබිය දක්වන සියල්ලන්ට එක හා සමාන සෙනෙහසක් පෙන්වීමෙන් ඔවුන්ට ඔවුන්ගේ ප්‍රේමය විදහා දැක්වීමට ඉඩ දෙන්න. ඔබේ දරුවන්ට සැබෑ ක්‍රිස්තියානි පුහුණුවේ හවුල්කරුවන් වීමට ඉඩ දෙන්න. දෙවියන් වහන්සේ වෙත යටහත්පහත්කම කොතරම් ප්‍රයෝජනවත්ද _ උන් වහන්සේ තුළ පැවතීමෙන් නිර්මල ස්නේහයේ ආත්මය කොතරම් දුරට පැවතිය හැකිද _ උන් වහන්සේ වෙත ගරුබිය දැක්වීම කෙතරම් විශිෂ්ටද සහ උතුම්ද,එමෙන්ම පිරිසිදු මනසින් යුතුව එය පැවැත්වීමෙන් සියල්ලන් ගළවනු ලබන්නේ කෙසේද යන්න ඉගෙන ගැනීමට ඔවුන්ට ඉඩ දෙන්න. මන්ද උන් වහන්සේ [හදවතේ] සිතුවිලි හා ආශාවන් විමසන සේක. උන් වහන්සේගේ හුස්ම අප තුළ තිබෙන අතර ;උන් වහන්සේ කැමති වූ විට,උන් වහන්සේ එය ගන්නා සේක.

22වන පරිච්ඡේදය

පව්කාර හැසිරීමේ දුක්ඛිත බව ප්‍රකාශ කරන මෙම අනුශාසනා ක්‍රිස්තියානි ඇදහිල්ල මගින් සනාථ කර ඇත

දැන් ක්‍රිස්තුස් වහන්සේ තුළ ඇති ඇදහිල්ල මේ සියලු අවවාද (අනුශාසනා) සනාථ කරන්නේය. මක්නිසාද උන් වහන්සේම ශුද්ධාත්මයාණන් වහන්සේ කරණකොටගෙන අපට මෙසේ ආමන්ත්‍රණය කරන සේක: *"දරුවෙනි, එන්න, මට සවන් දෙන්න. සමිඳුණන් වහන්සේ කෙරෙහි ගරුබිය මම ඔබට උගන්වන්නෙමි. ජීවිතයට ආශා කරන, යහපත් දවස් දැකීමට ප්‍රිය කරන මනුෂ්‍යයා කවරෙක්ද?ඔහුගේ දිව නපුරෙන්ද ඔහුගේ තොල් වංචා කථාවෙන්ද වළක්වා ගනීවා. නපුරෙන් ඉවත් වී යහපත කරන්න; සාමය සොයා ඒ පසුපස යන්න. ස්වාමින් වහන්සේගේ ඇස් ධර්මිෂ්ඨයන් කෙරෙහිය; උන් වහන්සේගේ කන් ඔවුන්ගේ යාච්ඤාවලට විවෘතව තිබේ. සමිඳුණන් වහන්සේගේ මුහුණ නපුරුකම් කරන අයට*

විරුද්ධය, ඔවුන් සිහි කිරීම පොළොවෙන් සිඳ දමන්න. ධර්මිෂ්ඨයා හඬගැසුවේය. සමිඳාණන් වහන්සේ ඔහුට සවන් දී ඔහුගේ සියලු දුක්වලින් ඔහු මිදූ සේක.""දුෂ්ටයන් වෙත බොහෝ කරදර ඇත. එහෙත් සමිඳාණන් වහන්සේ කෙරෙහි බලාපොරොත්තුවෙන් සිටින අයට දයාව ලැබෙනු ඇත."

23වන පරිච්ඡේදය

නිහතමානී වන්න, ක්‍රිස්තුස් වහන්සේ නැවත පැමිණෙන බව විශ්වාස කරන්න

සියලු දයාවෙන් පූර්ණ, ත්‍යාගශීලී පියාණන් වහන්සේ තමාට ගරුබිය දක්වන අය කෙරෙහි අනුකම්පා කරන අතර, අවංක මනසකින් උන් වහන්සේ වෙතට එන අයට කරුණාවෙන් හා ප්‍රේමයෙන් උන් වහන්සේගේ අනුග්‍රහය ලබා දෙන සේක. එබැවින් අපි දෙයාකාර (දෙබිඩි) සිත් නැතිව සිටිමු. උන් වහන්සේගේ අතිමහත් මහිමාන්විත ත්‍යාගයන් නිසා අපගේ ආත්මය ඔසවා තැබීමට ඉඩ නොදෙමු. *"දෙබිඩි මනසක් ඇති, සැක සහිත හදවතක් ඇති අය අවාසනාවන්තය; අපගේ පියවරුන්ගේ කාලයේදී පවා මේ දේවල් අප අසා තිබේ. එහෙත්, බලන්න, අපි දැන් මහලු වී සිටිමු, ඒ කිසිවක් අපට සිදු නොවීය"* යනුවෙන් ලියා ඇති දේ අපෙන් දුරු වේවා. මෝඩයෙනි! ඔබ ඔබම ගසකට සමාන කරන්න; [නිදසුනකට]මිදි වැල ගන්න. පළමුවෙන්ම, එහි පත්‍රවිහිදුවයි, පසුව එහි දළු දමයි, ඉන් අනතුරුව එහි කොළ වැඩෙයි, පසුව එය මල් දරයි; ඉන්පසු ඇඹුල් මිදි පැමිණ, පසුව ඉදෙයි. ටික කලකින් ගසක එල පරිණත වන්නේ කෙසේදැයි ඔබට වැටහේ. සත්‍යය නම්, ඉක්මනින් හා හදිසියේම උන් වහන්සේගේ කැමැත්ත ඉෂ්ට වනු ඇත. ශුද්ධලියවිල්ලද සාක්ෂි දරමින් මෙසේ පවසා ඇත. *"ස්වාමින් වහන්සේ හදිසියෙන් තමන් මාලිගාවට එන සේක."* එසේම *"නුඹලා ආශා වන ගිවිසුමේ දූතයා එන්නේ යයි සේනාවල ස්වාමින් වහන්සේ කියන සේක."*මලාකි 3:1.

24වන පරිච්ඡේදය

නැවත නැගිටීමක් ඇති බවට දෙවියන් වහන්සේ ස්වභාව ධර්මය තුළින් අපට නොකඩවම පෙන්වන සේක

ප්‍රේමවන්තයෙනි, දෙවියන් වහන්සේ ස්වාමින් වන යේසුස් ක්‍රිස්තුස් වහන්සේ මළවුන්ගෙන් උත්ථාන කිරීමෙන් උත්ථාන වීමේ කුලුඳුලා බවට උන් වහන්සේ පත් කර ඇති අතර, අනාගතයේ නැවත නැගිටීමක් ඇති වන බවට ස්වාමින් වහන්සේ නිරන්තරයෙන් අපට ඔප්පු කරන ආකාරය සලකා බලමු. ප්‍රේමවන්තයෙනි,අපි සැම කාලයකදීම සිදුවන මරණින් නැවත නැගිටීම ගැන මෙනෙහි කරමු. දවාල සහ රාත්‍රිය අපට නැවත නැගිටීමක් ප්‍රකාශ කරයි. රාත්‍රිය නින්දට වැටෙන අතර දවාල උදා වේ. (නැවතත්) දවාල නික්ම ගොස්රාත්‍රිය පැමිණේ. ධාන්‍ය වැපිරීමෙන් [පොළොවේ] ඵල ඇති වන ආකාරය අපි බලමු. ලූක් 8.5හි වපුරන්නා පිටතට ගොස් කෙතෙහිධාන්‍ය වපුරයි. ඒ අනුව බීජ විසිරී යයි. ඒවා පොළොවෙහි වැටෙන අවස්ථාවේදී වියළි වූවත්, ක්‍රම ක්‍රමයෙන් මැරී වියළී යයි. එවිට එය මැරී යාමෙන් සමිඳාණන් වහන්සේගේ සැපයුම්වල බලවත් බලය මගින් එය නැවත මතු කෙරෙන අතර එක් බීජයකින් බොහෝ පැළ හටගෙන පල දරයි.

25වන පරිච්ඡේදය

ෆීනික්ස් කුරුල්ලා අපගේ නැවත නැගිටීමේ සංකේතයකි

අපි පෙරදිග රටවල, එනම් අරාබියේ සහ ඒ අවට රටවල සිදුවන [නැවත නැගිටීමේ] පුදුමාකාර ලකුණු සලකා බලමු. ෆීනික්ස් ලෙස හැඳින්වෙන එක්තරා කුරුල්ලෙක් සිටී. මේ ආකාරයේ සිටින එකම කුරුල්ලා ඌ වන අතර ඌ අවුරුදු පන්සියයක් ජීවත් වේ. උගේ මිය යාමේ කාලය ළං වූ විට ඌ මිය යා යුතුය. මිය යෑමට කාලය සම්පූර්ණ වූ විට ඌ කට්ටකුමංජල්, සුවඳ ලාටු සහ වෙනත් කුළුබඩු යොදා තමන් විසින්ම කූඩුවක් සාදා එයට ඇතුළු වී මිය යයි. එහෙත් මස් දිරාපත් වන විට එක්තරා ආකාරයක පණුවෙකු හැදෙන අතර, ඌ මියගිය කුරුල්ලාගේ යුෂවලින් පෝෂණය වී පිහාටු බිහි කරයි. ඌ ශක්තිය ලබා ගත් පසු, තම මවගේ ඇටකටු වන කූඩුව රැගෙන ඌ අරාබි දේශයේ සිට ඊජිප්තුව දක්වා, හෙලියෝපොලිස් නම් නගරයට පියාඹයි. පසුව එළිමහනේ, සියලු මිනිසුන් ඉදිරියෙහි පියාසර කරමින්, ඌ එංවා සූර්යයාගේ පූජාසනය මත තබයි. එසේ කිරීමෙන් පසු, නැවත ඌ කලින් වාසස්ථානය කරා කඩිනමින් යයි. ඉන්පසුව පූජකවරුන් විසින් දින ලේඛන පරීක්ෂා කර බලා, හරියටම වසර පන්සියය සම්පූර්ණ වූ වහාම ඌ ආපසු පැමිණ ඇති බව සොයා ගනු ලබයි.

26වන පරිච්ඡේදය

ශුද්ධලියවිල්ලද සාක්ෂි දරන පරිදි අපි නැවත නැගිටින්නෙමු

එසේ නම් කුරුල්ලෙකු මගින් පවා උන් වහන්සේගේ පොරොන්දු ඉටු වීම ගැන උන් වහන්සේගේ බලයේ ශක්තිය අපට පෙන්වන විට, යහපත් ඇදහිල්ලක සහතිකය ඇතිව, උන් වහන්සේට භක්තියෙන් යුක්තව සේවය කළ අය සියලු දේවල මැවුම්කරුවාණන් වහන්සේ විසින් නැවත නැගිටුවනු ලැබීම පුදුම සහගත දෙයක් ලෙස අපි සලකන්නෙමුද? මක්නිසාද ශුද්ධලියවිල්ල එක්තරා ස්ථානයක මෙසේ පවසයි: *"ඔබ මා නැඟිටුවන සේක. එවිට මම ඔබට මාගේ පාප පවසන්නෙමි. නැවතත්, මම වැදහෙව නිදගනිමි. යළි අවදි වෙමි. මන්ද සමිඳාණෝ මට රැකවරණය දෙන සේක"* නැවතත් යෝබ් මෙසේ පවසයි, *"මේ මාගේ හම නැතුව ගියායින් පසු මාගේ මාංසය නැතුව නුමුත් දෙවියන් වහන්සේ දකින්නෙමි."*යෝබ් 19:25-26.

27වන පරිච්ඡේදය

නැවත නැඟිටීමේ බලාපොරොත්තුව තුළ,අපි සර්වබලධාරී හා සර්වඥ දෙවියන් වහන්සේට ඇලුම්ව සිටිමු

එසේ මෙම බලාපොරොත්තුව ඇතිව, උන් වහන්සේගේ පොරොන්දු කෙරෙහි විශ්වාසවන්තව සිටින සහ උන් වහන්සේගේ විනිශ්චවලදී සාධාරණ තැනැන් වහන්සේ වෙත අපගේ ආත්මයෙන් බැඳී සිටිමු. බොරු නොකියන ලෙස අපට අණ කළ තැනැන් වහන්සේ බොරු නොකියනු ඇත. මන්ද, බොරු කීම හැරුණුකොට වෙන කිසිවක් දෙවියන් වහන්සේට කිරීම අපහසු නොවේ. එබැවින් උන් වහන්සේගේ ඇදහිල්ල නැවත අප තුළ ඇති වීමට ඉඩ හරිමු. එසේම සියල්ල උන් වහන්සේට සමීපව ඇතැයි අපි සලකමු. උන් වහන්සේගේ බලයේ වචනයෙන් උන් වහන්සේ සියලු දේ ඇති කළ සේක. එසේම උන් වහන්සේට සියලු දේම වචනයෙන් පෙරළා දැමිය හැකිය. *"උන් වහන්සේගේ ක්‍රියාවන් නවත්වන්ට වත්, ඔබ කුමක් කරන සේක් ද කියා උන් වහන්සේට අභියෝග කරන්ට වත් පුළුවන් කිසිවෙක් නැත."*උන් වහන්සේ කැමති පරිදි, උන් වහන්සේ සියල්ල සිදු කරන සේක. උන් වහන්සේ විසින් තීරණය කරනු ලබන කිසිවක් පහව යන්නේ නැත. මතෙව් 24:35. උන් වහන්සේ ඉදිරියෙහි සියල්ල

වැස්මක් නැතිව විවෘතව ඇත. උන් වහන්සේගේ මන්ත්‍රණයෙන් කිසිවක් සැඟවිය නොහැකිය. ස්වර්ගය දෙවියන් වහන්සේගේ මහිමය ප්‍රකාශ කරයි. එසේම අහස් තලය උන් වහන්සේගේ හස්ත කර්මාන්තය දක්වයි. දවාල දවාලට කථා කරන අතර, රාත්‍රියෙන් රාත්‍රියට දැනුම විදහා පෙන්වයි. එහි කථාවක් හෝ හඬක් හෝ වචන ඇසෙන්නේ නැත. ගීතාවලිය 19:1-3.

28වන පරිච්ඡේදය

දෙවියන් වහන්සේ සියල්ල දකින සේක: එබැවින් අපි අපරාධවලින් වැළකී සිටිමු

එතැන් පටන් සියල්ලම (දෙවියන් වහන්සේ විසින්) දකිනු ලැබ, අසනු ලැබේ. අපි උන් වහන්සේට ගරුබිය දක්වමු.උන් වහන්සේගේ දයාවෙන්, ඉදිරි විනිශ්චයන්ගෙන් අප ආරක්ෂා කරනු ලබන පිණිස නපුරු ආශාවන්ගෙන් පැමිණෙන එම දුෂ්ට ක්‍රියා අත්හරිමු. මන්ද, උන් වහන්සේගේ බලවත් හස්තයෙන් කොතැනකට හෝ පලා යා හැක්කේ අපෙන් කවරෙකුටද? නොඑසේ නම්, උන් වහන්සේ වෙතින් පලා යන ඕනෑම කෙනෙකු පිළිගන්නා ලෝකය කුමක්ද? මක්නිසාද ශුද්ධලියවිල්ල එක් ස්ථානයක මෙසේ දක්වා ඇත:*"ඔබ ඉදිරියෙන් මා කොතැනට යන්නෙම්ද? ඔබගේ අභිමුඛයෙන් මා කොතැන්හිසැඟවෙන්නද? මම ස්වර්ගයට නැග්ගේ නම්, ඔබ එහිය; මම පොළොවේ කෙළවරට ගියොත්, එහිදීත් ඔබගේ දකුණත මට මගපෙන්වන්නේය. මම මුහුදේ අගාධයේ මාගේ ඇඳ සකස් කළත්, ඔබගේ ආත්මය එහි ඇත."* එසේ නම් ඔබ ඉදිරියෙන් කවරෙකුට පලා යා හැකිද? නොඑසේ නම් සියලු දේ දන්නා තැනැන් වහන්සේ වෙතින් කෙනෙකු සැඟවී කොතැනකට පලා යන්නද?

29වන පරිච්ඡේදය

හදවතේ පාරිශුද්ධභාවයෙන් යුතුව අපි දෙවියන් වහන්සේ වෙතට ළං වෙමු

එසේ නම් අපි ශුද්ධකමේ ආත්මයෙන් යුක්තව උන් වහන්සේ වෙතට ළඟා වෙමු. පවිත්‍ර හා නිර්මල දෑත් උන් වහන්සේ වෙතට ඔසවමින්, උන් වහන්සේගේ තෝරා ගනු ලැබූවනෙග් ආශීර්වාදය උදෙසා අප හවුල්කාරයන් කළා වූ කරුණාවන්ත හා දයානුකම්පිත පියාණන්

වහන්සේට ප්‍රේම කරමු. මක්නිසාද ශුද්ධලියවිල්ලෙහි මෙසේ ලියා ඇත: මහෝත්තමයාණන් වහන්සේ ජාතීන් දෙකඩ කළ විට, උන් වහන්සේ ආදම්ගේ පුත්‍රයන් විසුරුවා හැරිය විට, දෙවියන් වහන්සේගේ දූතයන්ගේ ගණන අනුව උන් වහන්සේ ජාතීන්ගේ සීමාවන් නියම කළ සේක. උන් වහන්සේගේ සෙනඟ වූ යාකොබ් සම්ඳුණන් වහන්සේගේ කොටසද, ඉශ්රායෙල්වරුන් උන් වහන්සේගේ උරුමයද විය. ද්විතීය කථාව 32:8-9. තවත් ස්ථානයක [ශුද්ධ ලියවිල්ල] මෙසේ පවසයි: *"බලව, මනුෂ්‍යයෙකු තමාගේ කමතෙහි ප්‍රථම ඵල ලබාගන්නා ආකාරයට ස්වාමීන් වහන්සේ ජාතීන් මධ්‍යයෙන් තමන් වහන්සේ වෙතට ජාතියක් ගන්නා සේක. එම ජාතියෙන් අති ශුද්ධ තැනැන්වහන්සේ පැමිණෙනු ඇත."*

30වන පරිච්ඡේදය

අපි ආශීර්වාද ලබන පිණිස දෙවියන් වහන්සේ සතුටු කරන දේවල් කරමින් උන් වහන්සේ අකමැති දේවලින් පලා යමු

එබැවින්, අප ශුද්ධ තැනැන් වහන්සේගේ කොටස බව දැක, ශුද්ධකමට අදාළ සියලු දේ කරමු.සියලු නපුරු කථාවෙන් වැළකී, සියලු පිළිකුල් සහගත හා අපිරිසිදු වැලඳගැනීම් සහසියලු බේබදුකමෙන් වැළකී, වෙනසක් අපේක්ෂා කරනසියලු පිළිකුල් සහගත තෘෂ්ණාවන්ගෙන් වැළකී, පිළිකුල් සහගත කාමමිථ්‍යාචාරය සහ උඩඟුකමෙන් වැළකෙමු. *"මක්නිසාද දෙවියන් වහන්සේ, උඩඟු අයට විරුද්ධව සිට යටහතුන්ට කරුණාව දෙන සේක"*යි [ශුද්ධ ලියවිල්ලෙහි] දක්වා ඇත. එමනිසා,අපි දෙවියන් වහන්සේ විසින් අනුග්‍රහය ලබා දෙන ලද අයට ඇලුම්කමින් බැඳී සිටිමු. අපි එක්සත් බවෙන් සහ යටත්කමෙන් සැරසී සිට, සැමවිටම ආත්ම දමනයෙන් යුක්තව සිටිමු. සියලු කේලාම් සහ නපුරු කතාවලින් ඈත්ව සිටිමු. අපගේ කථාවෙන් නොව ක්‍රියාවෙන් ධර්මිෂ්ඨ ලෙස හැසිරෙමු. මක්නිසාද (ශුද්ධලියවිල්ල) පවසන පරිදි, *"බොහෝ දේ කථා කරන්නාට බොහෝ පිළිතුරු අසන්නට ලැබෙනු ඇත. කථා කිරීමට සූදනම්ව සිටින තැනැත්තා තමා ධර්මිෂ්ඨ යයි සිතන්නේද? ස්ත්‍රියකගෙන් උපත ලැබූ, කෙටි කාලයක් ජීවත් වන තැනැත්තා භාග්‍යවන්තයෙකි: වැඩියෙන් කථා කිරීමෙන් වළකින්න."*තමන්ටම ප්‍රශංසා කරගන්නා අයට දෙවියන් වහන්සේ අකමැති බැවින් අපගේ ප්‍රශංසාව අප ගැනම නොව දෙවියන් වහන්සේ තුළ වේවා. අපගේ ධර්මිෂ්ඨ මුතුන්මිත්තන්ගේ කාරණාවේදී මෙන් අපගේ යහපත් ක්‍රියා

පිළිබඳ සාක්ෂිය අන් අය විසින් දරනු ලැබේවා. බය නැතිකම සහඅහංකාරය මෙන්ම ගරුසරු නැතිකම දෙවියන් වහන්සේ චෝදනා කරන අයට අයිති දේවල් වේ. එහෙත් උන් වහන්සේගේ ආශීර්වාද ලත් අය සංයමය, නිහතමානීකම සහ මෘදුකම ඇතිව සිටිති.

31වන පරිච්ඡේදය

දිව්‍යමය ආශීර්වාදය ලබා ගත හැකි ආකාර කවරේදැයි විමසා බලමු

එසේ නම් අපි උන් වහන්සේගේ ආශීර්වාදයට ඇලුම්ව සිටිමින්, එය ලබා ගන්නා ආකාරය ගැන සැලකිලිමත් වෙමු. මුල සිටම සිදුවී ඇති දේවල් ගැන අපි සිතා බලමු. අපගේ පිය වූ ආබ්‍රහම් ආශීර්වාද ලැබුවේ කුමන හේතුවක් නිසාද? ඔහු ධර්මිෂ්ඨකම සහ සත්‍යය ඇදහිල්ලෙන් ක්‍රියා කළ නිසා නොවේද? යාකොබ් 2:21. ඊසාක්, පරිපූර්ණ නිසැකකමින් යුක්තව, සිදු වන්නට යන දේ ඔහු දැන සිටියාක් මෙන්, සතුටු සිතින් පූජාවක් ලෙස පෙනී සිටියේය. උත්පත්ති 22:6-10. යාකොබ් තම සහෝදරයා නිසා යටහත්පහත්ව තම රටෙන් පිටත් වී ලාබන් වෙත පැමිණ ඔහුට සේවය කළේය. එහිදී ඔහුට ඉශ්‍රායෙල් ගෝත්‍ර දොළොසෙහි ආධිපත්‍යය දෙනු ලැබිණි.

32වන පරිච්ඡේදය

අප ධර්මිෂ්ඨ කරනු ලැබුවේ අපගේම ක්‍රියාවලින් නොව ඇදහිල්ලෙනි

යමෙක් එක් එක් විශේෂිත කරුණු අවංකව සලකා බලන්නේ නම්, උන් වහන්සේ විසින් දෙන ලද දීමනාවල ශ්‍රේෂ්ඨත්වය හඳුනාගන්නවා ඇත. මක්නිසාද යත්, දෙවියන් වහන්සේගේ පූජාසනයෙහි සේවය කරන පූජකයන්ද සියලු ලෙවීවරුන්ද ඔහු කෙරෙන් පැමිණ ඇත. මාගේ ස්වාමීන් වහන්සේ වන යේසුස් ක්‍රිස්තුස් වහන්සේද මාංසික ලෙස පැමිණියේ ඔහු කෙරෙන්ය. රෝම 9:5. ඔහු වෙතින් යූද ජාතියේ රජවරු, අධිපතිහු හා පාලකයෝ පැමිණියහ. *"ඔබේ වංශය අහසේ තාරකා මෙන් වනු ඇත"* යනුවෙන් දෙවියන් වහන්සේ පොරොන්දු වූ පරිදි ඔහුගේ අනෙකුත් ගෝත්‍ර කුඩා මහිමයකින් යුක්ත වන්නේ නොවේ. එබැවින් මේ සියල්ලන්ම ඉතාමත් ගෞරවයට පාත්‍ර වී ඇත.

එසේම උසස් කරනු ලැබ ඇත. එසේ කරන ලද්දේ ඔවුන් උදෙසාම හෝ ඔවුන්ගේම ක්‍රියා වෙනුවෙන් හෝ ඔවුන් විසින් සිදු කරන ලද ධර්මිෂ්ඨකම නිසා නොව, උන් වහන්සේගේ කැමැත්ත ක්‍රියාත්මක කිරීම තුළිනි. එසේම ක්‍රිස්තුස් යේසුස් වහන්සේ තුළ උන් වහන්සේගේ කැමැත්තට අනුව කැඳවනු ලැබූ අපද, අප විසින්ම හෝ අපගේම ප්‍රඥාවෙන්, අවබෝධයෙන් හෝ දේවභක්තියෙන් හෝ හදවතේ ඇති ශුද්ධකමින් හෝ අප විසින් කරන ලද ක්‍රියාවලින්හෝ ධර්මිෂ්ඨ නොකරන ලදී. එහෙත් ආරම්භයේ සිටම සර්වබලධාරී දෙවියන් වහන්සේ සියලු මනුෂ්‍යයන් ඇදහිල්ලෙන් ධර්මිෂ්ඨ කර ඇත. උන් වහන්සේට සදහටම මහිමය වේවා. ආමෙන්.

33වන පරිච්ඡේදය

අපි යහපත් ක්‍රියා හා ප්‍රේමයේ පුරුදු අත් නොහරිමු. යහපත් ක්‍රියා සම්බන්ධයෙන් දෙවියන් වහන්සේම අපට ආදර්ශයක් වන සේක

එබැවින් සහෝදරවරුනි, අප කුමක් කළ යුතුද? අප යහපත් ක්‍රියා කිරීමෙන් අලසව, ප්‍රේම කිරීමෙන් වැළකී සිටිය යුතුද? එවැනි ක්‍රියාමාර්ගයක් අප විසින් අනුගමනය කිරීම දෙවියන් වහන්සේ තහනම් කරන සේක! එහෙත් ඒ වෙනුවට සෑම යහපත් කාර්යයක්ම සිදු කිරීමට අපි සියලු ශක්තිය හා මනසේ සූදානම්කම සහිතව සිටිමු. මක්නිසාද මැවුම්කරුවාණන් වහන්සේ සහ සියලු දේවල ස්වාමින් වහන්සේ උන් වහන්සේගේ ක්‍රියා ගැන උන් වහන්සේම ප්‍රීති වනසේක. මක්නිසාද යත්, උන් වහන්සේගේ අසීමිත ශ්‍රේෂ්ඨ වූ බලයෙන් උන් වහන්සේ ස්වර්ගය පිහිටුවා ඇති අතර, උන් වහන්සේගේ තේරුම්ගත නොහැකි ප්‍රඥාව කරණකොටගෙන උන් වහන්සේ ඒවා අලංකාර කළ සේක. එසේම උන් වහන්සේ පෘථිවිය වටකර තිබූ ජලයෙන් පොළොව වෙන් කළ සේක. එසේම උන් වහන්සේගේම කැමැත්තට අනුව සෙලවිය නොහැකි අත්තිවාරම මත එය සවි කළ සේක. එමෙන්ම උන් වහන්සේගේ වචනයෙන් එහි සිටින සතුන්ද ඇති වීම උදෙසා උන් වහන්සේ අණ කළ සේක. එලෙසම, උන් වහන්සේ මුහුද සහ එහි ජීවත් වන ජීවීන් නිර්මාණය කළ විට, උන් වහන්සේ තමන් වහන්සේගේම බලයෙන් ඔවුන් [ඔවුන්ගේ නියම සීමාවන් තුළ] ආවරණය කළ සේක. මේ සියල්ලටත් වඩා, උන් වහන්සේගේ ශුද්ධ වූ හා නොකැළැල් දෑතින් උන් වහන්සේ(උන් වහන්සේගේ මැවිල්ලේ) මුදුන් මල්කඩ වන මිනිසා නිර්මාණය කළ සේක. එසේම _ උන් වහන්සේගේ ස්වරූපයේ ප්‍රකාශයට පත් කරන ලද සමානත්වය වන

ඔහුට සැබවින්ම විශිෂ්ට වූ දැනගැන්ම ලබා දෙන ලදී. මක්නිසාද දෙවියන් වහන්සේ මෙසේ වදාරන සේක: *"අපි අපගේ ස්වරූපයෙන් හා අපේ සමානත්වයෙන් මනුෂ්‍යයා සාදමු. එසේ දෙවියන් වහන්සේ මනුෂ්‍යයා මැවූ සේක. පුරුෂයා සහ ස්ත්‍රිය වශයෙන් උන් වහන්සේ ඔවුන් මැවූ සේක."* උත්පත්ති 1:26-27. මේ සියල්ල අවසන් කළ උන් වහන්සේ ඒවා අනුමත කොට ඔවුන්ට ආශීර්වාද කරමින් මෙසේ පැවසූ සේක, *"නුඹලා බෝ වී වැඩී වර්ධනය වී පොළොව පුරා පැතිරෙන්න."* උත්පත්ති 1:28. එසේ, සියලු ධර්මිෂ්ඨ මිනිසුන් යහපත් ක්‍රියාවලින් සරසා ඇති ආකාරයත්, ස්වාමින් වහන්සේම තමන් වහන්සේගේ ක්‍රියාවන්ගෙන් සැරසී ප්‍රීතියට පත් වූ ආකාරයත් අපි දකිමු. එබැවින් එවැනි ආදර්ශයක් ඇති හෙයින්, අපි ප්‍රමාද නොවී උන් වහන්සේගේ කැමැත්තට එකඟ වෙමු. එසේම අපගේ මුළු ශක්තියෙන් ධර්මිෂ්ඨකමේ ක්‍රියා සිදු කරමු.

34වන පරිච්ඡේදය

දෙවියන් වහන්සේ සමග යහපත් ක්‍රියාවල නිරතවීමේ විපාකය මහත්ය. සමගියෙන් එකට එකතු වී, එම විපාකය උන් වහන්සේගෙන් ඉතා ඕනෑකමින් ඉල්ලා සිටිමු

යහපත් සේවකයා තමාගේ ශ්‍රමයේ ප්‍රතිවිපාක නිසැකකමින් යුක්තව ලබා ගන්නේය. කම්මැලි හා අලස සේවකයාට තම සේවායෝජකයාගේ මුහුණ දෙස බැලිය නොහැකිය. එබැවින් යහපත්කම් කිරීමේ යෙදී සිටීමට අප කඩිසර විය යුතුව ඇත. මක්නිසාද සියලු දේම පැමිණෙන්නේ උන් වහන්සේ කෙරෙන්ය. එමනිසා උන් වහන්සේ අපට මෙසේ අනතුරු අඟවන සේක. *"බලව, ස්වාමින් වහන්සේ පැමිණෙන සේක. එකිනෙක මනුෂ්‍යයාට ඔහුගේ ක්‍රියාවල ප්‍රකාරයට විපාක දෙන පිණිස උන් වහන්සේගේ විපාකය උන් වහන්සේගේ මුහුණ ඉදිරියෙහිය."* උන් වහන්සේ අප ධෛර්යවත් කරන සේක. එමනිසා, අපගේ මුළු හදවතින්ම මෙයට අවධානය යොමු කරමින්, සියලු යහපත් ක්‍රියාවලදී අලස නොවී සිටීමට කටයුතු කරමු. අපගේ පුරසාරම් දෙඩීම හා අපගේ නිසැකකම උන් වහන්සේ තුළ වේවා. අපි උන් වහන්සේගේ කැමැත්තට යටත් වෙමු. අපි උන් වහන්සේගේ දේවදූතයන් සමූහය පිළිබඳ සලකමු. එනම් ඔවුන් සැම විටම උන් වහන්සේගේ කැමැත්ත ඉටු කරන පිණිස සූදනමින් සිටි අයුරු කල්පනා කරමු. මක්නිසාද ශුද්ධලියවිල්ලෙහි මෙසේ පවසා ඇත: *"දසදහස් ගුණයක් දසදහසක් දෙනා උන් වහන්සේ වටා සිටගෙන, දසදහස් ගණනක් දෙනා උන් වහන්සේට සේවය කළහ."*

දනියෙල් 7:10. *ඔවුහු හඬනගා මෙසේ කීහ. "සේනාවල ස්වාමීන් වහන්සේ ශුද්ධය, ශුද්ධය, ශුද්ධය, මුළු මැව්ල්ලම උන් වහන්සේගේ තේජසින් පිරී තිබේ."* යෙසායා 6:3. එබැවින්, අපි සිහියෙන් යුක්තව එකමුතුව එක්රැස් වෙමු. අපි උන් වහන්සේගේ මහත් වූ සහ මහිමාන්විත වූ පොරොන්දුවල හවුල්කරුවන් බවට පත් වන පිණිස, එකම මුඛයකින් මෙන්, උන් වහන්සේට මහත් උද්යෝගයෙන් යුක්තව හඬගසමු. මක්නිසාද [ශුද්ධලියවිල්ල] මෙසේ පවසයි: *"දෙවියන්වහන්සේ විසින් තමන් ප්‍රේම කරන්නන්ට සූදනම්කළ යම් දෙයක් ඇද්ද ඒ දේ ඇසට නොපෙනුණේය; කනට නොඇසුණේය, මනුෂ්‍යයාගේ සිතට නොපැමිණ්නේය."* 1 කොරින්ති 2:9.

35වන පරිච්ඡේදය

මෙම විපාකය අතිමහත්ය. අප එය ලබා ගන්නේ කෙසේද?

ප්‍රේමවන්තයෙනි, දෙවියන් වහන්සේගේ දීමනා කෙතරම් ආශීර්වාදයක් සහ පුදුමාකාර දෙයක්ද! අමරණීය බවේ ජීවිතය, ධර්මිෂ්ඨකම තුළ තේජස, පරිපූර්ණ නිසැකකම තුළ සත්‍යය, පොරොන්දුව තුළ ඇදහිල්ල, ශුද්ධකම තුළ ආත්ම දමනය! මේ සියල්ල අපගේ අවබෝධයේ [දැන්] දැනුවත් භාවය යටතට වැටේ. එසේ නම් උන් වහන්සේ කෙරෙහි බලා සිටින අය සඳහා සූදනම් කර ඇත්තාවූ දේවල් මොනවාද? සියලු ලෝකවල මැවුම්කරුවාණන් වහන්සේ සහ පියාණන් වහන්සේ වන අති ශුද්ධ තැනැන් වහන්සේ පමණක් ඒවායේ ප්‍රමාණය හා අලංකාරය දන්නා සේක. එබැවින් උන් වහන්සේගේ පොරොන්දු වූ දීමනාවල හවුල්කරුවන් වීමට නම්, උන් වහන්සේ කෙරෙහි බලා සිටින අයගේ සංඛ්‍යාවට එකතු වීමට අපි දැඩි උත්සාහයක් දරමු. එහෙත්, ප්‍රේමවන්තයෙනි, මෙය සිදු කරන්නේ කෙසේද? අපගේ අවබෝධය ඇදහිල්ලෙන් යුක්තවදෙවියන් වහන්සේ කෙරෙහි පිහිටා ඇති නම්; අපි උන් වහන්සේට ප්‍රසන්න හා පිළිගත හැකි දේ උනන්දුවෙන් සොයන්නෙමු නම්; උන් වහන්සේගේ නිර්දෝෂී කැමැත්තට අනුකූල වන පරිදි අපි කටයුතු කරන්නෙමු නම්; සියලු අධර්මිෂ්ඨකම සහ අයුක්තිය, සියලු තණ්හාව, ආරවුල්, නපුරු ක්‍රියා, වංචා, රහස් කථා සහ නපුරු ලෙස කථා කිරීම, දෙවියන් වහන්සේ අකමැති සියලු දේ, එනම් උඩඟුකම සහ අහංකාරය, නිෂ්ඵල කීර්තිය සහ අභිලාෂය අත්හැර දමා සත්‍යයේ මාර්ගය අනුගමනය කරන්නෙමු නම් අපි එසේ හැසිරෙමු. මක්නිසාද එවැනි දේ කරන අය දෙවියන් වහන්සේට වෛර කරන්නෝය. ඒවා කරන

අය පමණක් නොව, එසේ කරන අය ගැන සතුටු වන අයද උන් වහන්සේට වෛර කරති. රෝම 1:32. ශුද්ධලියවිල්ලෙහි මෙසේ පවසයි: "නමුත් පව්කාරයාට දෙවියන් වහන්සේ මෙසේ කී සේක: "ඔබ මාගේ මාර්ග ප්‍රකාශ කරන්නෙහිද, මාගේ ගිවිසුම ඔබේ මුඛය තුළට ගන්නේද, ඔබ උපදේශයට වෛර කරන බවත්, මාගේ වචන ඔබ පෙරළා දැමූ බවත් දුටිමි. ඔබ සොරෙකු දුටු විට, ඔබ ඔහු සමඟ එකඟ වූයෙහිය. එසේම කාමමිථ්‍යාචාරිකයන් සමඟ ඔබේ කොටස බෙදාගත්තෙහිය. ඔබේ මුඛය දුෂ්ටකමෙන් පිරී තිබේ. ඔබේ දිව රැවටිලිකාරකමෙන් පිරී ඇත. ඔබ ඉඳගෙන ඔබේ සහෝදරයාට විරුද්ධව කතා කරන්නෙහිය. ඔබ ඔබේම මවගේ පුතාට අපහාස කරන්නෙහිය. ඔබ මේ දේවල් කළෙහිය, එහෙත් මම නිහඬව සිටියෙමි. දුෂ්ට මනුෂ්‍යය, මා ඔබ හා සමාන විය යුතුයි කියා ඔබ සිතුවෙහිය. එහෙත්, මම ඔබට තරවටු කොට ඔබ ඉදිරියෙහි ඔබ සිටෙව්වෙමි. දෙවියන් වහන්සේ අමතක කරන ඔබ මේ දේවල් සලකා බලන්න. උන් වහන්සේ සිංහයෙකු මෙන් ඔබ කැබලිවලට ඉරා දමන සේක්වා. ඔබ මුදා ගැනීමට කිසිවෙකු නොසිටින සේක්වා. ප්‍රශංසා කිරීමේ පූජාවෙන් මා මහිමයට පත් කෙරෙනු ඇත. එසේම මා විසින් දෙවියන් වහන්සේගේ ගැළවීම ඔහුට පෙන්වන මාර්ගයක් එහි ඇත."

36වන පරිච්ඡේදය

ක්‍රිස්තුස් වහන්සේ තුළින් සියලු ආශීර්වාද අපට ලබා දී ඇත

ප්‍රේමවන්තයෙනි, අපගේ දුර්වලතාවයේදී අපගේ ගැළවුම්කරුවාණන් වහන්සේ, යේසුස් ක්‍රිස්තුස් වහන්සේ, අපගේ සියලුම පූජාවල උත්තම පූජකයාණන්, අපගේ ආරක්ෂකයාණන් සහ උපකාරකයාණන් වහන්සේ හමුවන මාර්ගය මෙය වේ. උන් වහන්සේ කරණකොටගෙන අපි ස්වර්ගයේ උස්තැන් දෙස බලමු. උන් වහන්සේ කරණකොටගෙන කැඩපතකින් මෙන් උන් වහන්සේගේ නිර්මල හා විශිෂ්ට මුහුණ අපි දකින්නෙමු. අපේ හදවත් නමැති ඇස් විවෘත වන්නේ උන් වහන්සේ කරණකොටගෙන ය. අපගේ මෝඩ හා අඳුරු අවබෝධය උන් වහන්සේ කරණකොටගෙන උන් වහන්සේගේ පුදුමාකාර ආලෝකය දෙසට අලුතින් විකසිත වේ. "උන් වහන්සේ දෙවියන් වහන්සේගේ මහිමයේ දීප්තිය වන බැවින්, දේව දූතයින්ට වඩා ඉතාම උතුම් වන බැවින්, උරුමය කරණකොටගෙන උන් වහන්සේ ඔවුන්ට වඩා ඉතාම උතුම් නාමයක් ලබාගෙන ඇති හෙයින්" උන් වහන්සේ කරණකොටගෙන අපි උන් වහන්සේගේ අමරණීය බව දැනගෙන රස

විඳිය යුතු බවට ස්වාමින් වහන්සේ කැමති වූ සේක. හෙබ්‍රෙව් 1:3-4. මක්නිසාද මෙසේ ලියා තිබේ: "ආත්මයන් උන් වහන්සේගේ දූතයන් කරන්නේ සහ ගිනිදැල් උන් වහන්සේගේ සේවකයන් බවට පත් කරන්නේ කවුද?"එහෙත්, සිය පුත්‍රයාණන් පිළිබඳ සමිඳාණන් වහන්සේ මෙසේ වදාළ සේක: "ඔබ මාගේ පුත්‍රයාය, අද මම ඔබ ජනිත කළෙමි. මාගෙන් ඉල්ලන්න, එවිට ඔබගේ උරුමයට ජාතීන්ද, ඔබගේ කොටසෙහි උරුමය උදෙසා පොළොවේ සීමාන්තයන්ද ඔබට දෙන්නෙමි."නැවතත් උන් වහන්සේ ස්වාමින් වහන්සේට කතා කොට, " මම ඔබේ සතුරන් ඔබේ පා පුටුව බවට පත් කරන තුරු මාගේ දකුණු පැත්තේ ඉඳගන්න." එහෙත් උන් වහන්සේගේ සතුරන් කවුරුන්ද? සියලු දුෂ්ටයන් සහ දෙවියන් වහන්සේගේ කැමැත්තට විරුද්ධව ක්‍රියා කරන අයයි.

37වන පරිච්ඡේදය

ක්‍රිස්තුස් වහන්සේ අපගේ නායකයාණෝ වන සේක. අපි උන් වහන්සේගේ සෙබළු වෙමු

එසේ නම්, පුරුෂයෙනි, සහෝදරවරුනි, උන් වහන්සේගේ ශුද්ධ ආඥවන්ට අනුව සියලු ශක්තියෙන්සෙබළුන්ගේ කොටස ක්‍රියාවටනංවමු. අපි අපගේ සේනාධිපතීන් යටතේ සේවය කරන අය ඔවුන්ට ආඥා කරන ලද සියලු දේට එකඟව අණ පිළිපදිමින්, පිළිවෙලට, කීකරුව සහ යටත් පහත්කමින් යුක්තව සියල්ල සිදු කරන ආකාරය සලකමු. සියලු දෙනාම අධිපතීන් හෝ දහසකට මුලාදෑනීන්, සියයකට මුලාදෑනීන් හෝ පනසකට මුලාදෑනීන් ලෙස අණ දෙන නිලධාරීන් නොවේ. එහෙත් එකිනෙකා තම තමාගේ තනතුරේ සිටිමින් රජු සහ සේනාධිපතීන් විසින් අණ කරන ලද දේ ඉටු කරයි. ශ්‍රේෂ්ඨ පුද්ගලයාට කුඩා තැනැත්තා නොමැතිව පැවතිය නොහැකිය. කුඩා තැනැත්තාට ශ්‍රේෂ්ඨ තැනැත්තා නොමැතිව පැවතිය නොහැකිය. සැම දෙයකම යම් ආකාරයක මිශ්‍රණයක් ඇති අතරඒ කරණකොටගෙන අන්‍යෝන්‍ය ප්‍රයෝජනයක් ඇති වේ. උදහරණයක් ලෙස අපි අපේ ශරීරය ගනිමු. පාද නොමැතිව හිසෙන් වැඩක් නැත, එසේම හිස නොමැතිව පාදවලින් වැඩක් නැත; ඔව්, අපගේ ශරීරයේ කුඩාම අවයව මුළු ශරීරයටම අවශ්‍ය වනවා මෙන්ම ප්‍රයෝජනවත් වේ. එහෙත් සියල්ලන්ම එකමුතුව එකට වැඩ කරන අතර එමගින් මුළු ශරීරයම සංරක්ෂණය කිරීම සඳහා එක් පොදු නියමයක් යටතේ ක්‍රියාත්මක වේ.

38වන පරිච්ඡේදය

සභාවේ සාමාජිකයන් එකිනෙකාට යටත් විය යුතුය, එසේම කිසිවෙකු තව අයෙකුට වඩා තමාම උසස් කොට නොසැලකිය යුතුය

එසේ නම්, අපගේ මුළු ශරීරයම ක්‍රිස්තුස් යේසුස් වහන්සේ තුළ ආරක්ෂා කරනු ලැබේවා! එසේම තමාට ලබා දී ඇති විශේෂ දීමනාවට අනුව සැම කෙනෙකුම තමාගේ අසල්වැසියාට යටත් විය යුතුය. ශක්තිමත් අය දුර්වල අය හෙළා නොදකිමු. එසේම දුර්වල අය ශක්තිමත් බලවත් අයට ගෞරවය දක්වමු. ධනවත් තැනැත්තාට දුප්පත් අයගේ අවශ්‍යතා සපුරාලන්නට ඉඩ දෙන්න. උන් වහන්සේ ඔහුගේ අවශ්‍යතා සපුරාලන පිණිස යම් පුද්ගලයෙකු ලබා දී ඇති හෙයින් දුප්පත් අය දෙවියන් වහන්සේට ප්‍රශංසා කරත්වා. ප්‍රඥවන්තයා (හුදෙක්) වචනවලින් නොව යහපත් ක්‍රියාවලින් තම ප්‍රඥව විදහා දක්වාවා. නිහතමානී තැනැත්තා තමා ගැනම සාක්ෂි නොදරා වෙනත් කෙනෙකු විසින් ඔහු පිළිබඳ සාක්ෂි දැරීමට ඉඩ හරීවා. හිතෝපදේශ 27:2. මාංසයෙන් පවිත්‍රව සිටින තැනැත්තා,වෙනත් අයෙකු විසින් ඔහුට එසේ ජීවත් වීම උදෙසා දීමනාව ලබා දුන් බව දැනගෙන, තමා ගැනම අහංකාර වී පුරසාරම් නොපවසාවා. එබැවින්, සහෝදරවරුනි, අප සාදනු ලැබ ඇත්තේ කුමන කාරණයක් උදෙසාද - අප මේ ලෝකයට පැමිණියේ කවුරුන් ලෙසද සහ කුමන ආකාරයේ සත්තාවන් ලෙසද යන්න - එනම් සොහොන් ගෙයකින් හා සම්පූර්ණයෙන්ම අන්ධකාරයෙන් මේ ලෝකයට පැමිණි අය ලෙසින් සලකා බලමු. අප සාදනු ලැබූ සහ නිර්මාණය කරනු ලැබූ තැනැන් වහන්සේ. අප ඉපදීමටත් පෙර සිටම උන් වහන්සේගේ මහත් වූ දීමනා අප උදෙසා සූදනම් කර, උන් වහන්සේගේ ලෝකයට අප හඳුන්වා දෙනු ලැබූ සේක. එබැවින්, අපට මේ සියලු දේම උන් වහන්සේ වෙතින් ලැබෙන බැවින්, සැම දෙයක්ම උදෙසා අපි උන් වහන්සේට ස්තුති කළ යුතු වෙමු. උන් වහන්සේට සදාකාලයෙන් සදාකාලයට මහිමය වේවා. ආමෙන්.

39වන පරිච්ඡේදය

ස්ව-අභිමානය සඳහා හේතුවක් ඇත්තේ නැත

ප්‍රඥව හෝ උපදෙස් නොමැති අය වන, මෝඩ හා නොසැලකිලිමත් මිනිස්සු, තමන්ගේම අභිමතාර්ථතුළ උසස් වීමට උනන්දු වෙමින් අප

සමච්චලයට හා හාස්‍යයට ලක් කරති. මරණීය වූ මනුෂ්‍යයෙකුට කුමක් කළ හැකිද? නැතහොත් දූවිල්ලෙන් සාදනු ලැබූ කෙනෙකු තුළ කුමන ශක්තියක් තිබේද? මක්නිසාද මෙසේ ලියා ඇති ලෙස: "*මාගේ ඇස් ඉදිරිපිට කිසිම හැඬයක් නොතිබුණේය. මට හඬක් පමණක් ඇසුණේය. එයින් මෙසේ කියනු ලැබිණි. එසේ නම් කුමක්ද? මිනිසෙකු සමිඳාණන් වහන්සේ ඉදිරියෙහි පවිත්‍ර වේද? එසේත් නැතිනම්, උන් වහන්සේගේ සේවකයන් කෙරෙහි විශ්වාසය නොතබන බවත්, උන් වහන්සේගේ දේවදූතයන්ට පවා අශෝභන ලෙස චෝදනා කර ඇති බවත් දැක, එවන් වූ අයෙකු ඔහුගේ ක්‍රියාවලින් නිදෙස් අයෙකු ලෙස ගණන් ගනු ලබන්නේද? උන් වහන්සේගේ ඇස් ඉදිරියෙහි ස්වර්ගය පවිත්‍ර නැත: එසේ නම් ඊට කොපමණ වැඩියෙන් මැටියෙන් සැදූ ගෙවල්වල වාසය කරන සහ මැටිවලින් සාදනු ලැබූ අය වන අපි උන් වහන්සේ ඉදිරියෙහි කෙතරම් අඩු අය වන්නෙමුද? උන් වහන්සේ ඔවුන්ට සලබයෙකුට මෙන් පහර දුන් සේක.උදේ සිට සවස් වන තුරුම ඔවුන්ට එය දරාගත නොහැකිය. ඔවුන්ට තමන්ටම කිසිදු සහයක් ලබා දිය නොහැකි නිසා ඔවුහු විනාශ වූහ. උන් වහන්සේ ඔවුන් මත හුස්ම හෙළූ සේක. එහෙත් ඔවුන්ට ප්‍රඥවක් නොතිබූ නිසා ඔවුහු මිය ගියහ. ඉතින් අඬගසන්න; ඔබට උත්තරදෙන කෙනෙක් ඇද්ද? ඔබ ශුද්ධ තැනැත්තන්ගෙන් කවරෙකු දෙසට හැරෙන්නෙහිද? මක්නිසාද නොසතුටුභාවය අඥනයා නසන්නේය, ඊර්ෂ්‍යාවද නුවණ නැත්තා මරන්නේය. අඥනයා මුල් අදිනවා මම දුටිමි; නුමුත් වහාම ඔහුගේ නිවසට ශාප කෙළෙමි. ඔහුගේ දරුවෝ සුරක්ෂිතකමෙන් දුරුව සිටිති, ඔව්හු දොරටුවේදී පොඩිකරනු ලබති, ඔවුන් ගලවන්ට කිසිවෙක් නැත්තේය. ඔවුන් උදෙසා සූදනම් කරන ලද දෙය ධර්මිෂ්ඨ මනුෂ්‍යයා කන්නේය, ඔවුන් නපුරෙන් ගැලවෙන්නේ නැත.*"

40වන පරිච්ඡේදය

දෙවියන් වහන්සේ විසින් නියෝගය කරන ලද පිළිවෙල සභාව තුළ ආරක්ෂා කරමු

එම නිසා, මේ දේවල් අපට පැහැදිලිව විද්‍යමාන වන නිසාත්, අප දිව්‍යමය දැනගැන්මේ ගැඹුර සොයා බලන නිසාත්, නියමිත වේලාවට ඉටු කිරීමට සමිඳාණන් වහන්සේ විසින් අපට අණ කරනු ලැබ ඇති සැම දෙයක්ම [ඒවාට නියමිත] පිළිවෙලට කිරීමට අපට ඉන් දිරිගැන්වීමක් ලැබේ. නොසැලකිලිමත් ලෙස හෝ අක්‍රමවත් ලෙස නොව, නියමිත වේලාවන් හා නියමිත පැයවලදී උන් වහන්සේට

පූජා ඔප්පු කිරීමට හා සේවය කිරීමට උන් වහන්සේ අණ කර ඇත. ඒ දේවල් කිරීමට උන් වහන්සේ කැමති කුමන ස්ථානයේදීද සහ කවුරුන් විසින්ද යන්නඋන් වහන්සේම තම උත්තරීතර කැමැත්තෙන් නියම කර ඇති අතර, සෑම දෙයක්ම උන් වහන්සේගේ යහපත් කැමැත්තට අනුවත් භක්තිවන්ත ලෙසත් සිදු කිරීම මගින් ඒවා උන් වහන්සේට පිළිගත හැකි වනු ඇත. එබැවින්, නියමිත වේලාවලදී තමන්ගේ පූජා ඔප්පු කරන අය පිළිගනු ලැබ, ඔවුන්ට ආශීර්වාද කරනු ලැබේ. මක්නිසාද ඔවුහු සමිඳාණන් වහන්සේගේ නීති පිළිපදින බැවින් පව් නොකරති. උන් වහන්සේගේ සුවිශේෂී සේවාවන් උත්තම පූජකයාට නියම කර ඇති අතර, පූජකයන්ට ඔවුන්ටම සුදුසු ස්ථානයක් නියම කර ඇත. එසේම ලෙවීවරුන්ටඔවුන්ටම වෙන්වූ සේවාවන් පවරා දී ඇත. ගිහි අය ගිහියන්ට ලබා දී ඇති නීති මගින් බැඳී සිටිති.

41වන පරිච්ඡේදය

එම විෂය පිළිබඳ තවදුරටත් විස්තර කිරීම

සහෝදරවරුනි, ඔබ සෑම කෙනෙකුම දෙවියන් වහන්සේට ස්වකීය පිළිවෙලට ස්තුතිවන්ත වන්න. සියලු ආකාරයෙන්ම යහපත් හෘදයසාක්ෂියට එකඟව, අන්‍යයන් ඇදගන්නා අය බවට පත් වී,තමාට නියම කර ඇති සේවයේ නියමිත පාලනයෙන් ඔබ්බට නොයා සිටිය යුතුය. සහෝදරවරුනි, යෙරුසලමේ පමණක් මිස, සෑම තැනකම දෛනික පූජා හෝ සමාදනයේ පූජා හෝ පාප පූජා හෝ අපරාධ පූජා ඔප්පු කරනු නොලැබේ. එහිදී පවා එම පූජා සෑම ස්ථානයකම ඔප්පු කරනු නොලැබේ. එය සිදු කරන්නේ දේවමාලිගාව ඉදිරිපිට ඇති පූජාසනය අසලදී පමණකි. එසේ පූජා කරනු ලබන දේ පූජකයා සහ ඉහතින් සඳහන් කරනු ලැබ ඇති දේවසේවකයන් විසින් හොඳින් පරීක්ෂා කරනු ලැබේ. එබැවින්, උන් වහන්සේගේ කැමැත්තට එකඟ වන දෙයින් ඔබ්බට යමක් කරන අයට මරණ දණ්ඩනය හිමි වේ. සහෝදරවරුනි, අපට ලබා දී ඇති දැනුම වැඩි වන තරමට, අප නිරාවරණය වන අන්තරාය වැඩි වන බව ඔබට මෙයින් පෙනේ.

42වන පරිච්ඡේදය

සභාවේ දේව සේවකයන්ගේ පිළිවෙල

ප්‍රේරිතයන් විසින් අපට ස්වාමින් වන යේසුස් ක්‍රිස්තුස් වහන්සේගෙන් වූ ශුභාරංචිය දේශනා කර තිබේ. යේසුස් ක්‍රිස්තුස් වහන්සේද [එසේ කර ඇත]දෙවියන් වහන්සේ වෙතින් පැමිණි සේක. එබැවින් ක්‍රිස්තුස් වහන්සේ එවන ලද්දේ දෙවියන් වහන්සේ විසිනි,එසේමප්‍රේරිතයන් එවන ලද්දේ ක්‍රිස්තුස් වහන්සේ විසිනි. එසේනම් මෙම පත්වීම් දෙකම දෙවියන් වහන්සේගේ කැමැත්තට අනුව පිළිවෙලකට සිදු කරනු ලැබ ඇත. එබැවින් ඔවුහු අණ ලැබ, අපගේ ස්වාමින් වන යේසුස් ක්‍රිස්තුස් වහන්සේගේ උත්ථානය පිළිබඳව පූර්ණ නිසැකකමක් ලබාගෙන, දෙවියන් වහන්සේගේ වචනය මත ගොඩනගනු ලැබ, ශුද්ධාත්මයාණන් වහන්සේගේ සම්පූර්ණ සහතිකය ඇතිව, දෙවියන් වහන්සේගේ රාජ්‍යය සමීප බව ප්‍රකාශ කරමින් ගියෝය. මේ අනුව රටවල හා නගරවල දේශනා කරමින් ඔවුහු [ඔවුන්ගේ ශ්‍රමයේ] ප්‍රථම ඵල වන අය, පසුව විශ්වාස කරනු ලබන්නන් උදෙසා බිෂොප්වරුන් හා උපස්ථායකයන් වීමට පළමුකොට ශුද්ධාත්මයාණන් වහන්සේ විසින් ඔප්පු කරනු ලැබ, පත් කරනු ලැබූහ. බොහෝ කලකට පෙර බිෂොප්වරුන් හා උපස්ථායකයන් සම්බන්ධයෙන් මෙය ලියා ඇති හෙයින් මෙය කිසිසේත්ම අලුත් දෙයක් නොවේ. මක්නිසාද ශුද්ධලියවිල්ල එක්තරා ස්ථානයක මෙසේ පවසයි: *"මම ඔවුන්ගේ බිෂොප්වරුන් ධර්මිෂ්ඨකමින්ද ඔවුන්ගේ උපස්ථායකයන් ඇදහිල්ලෙන්ද පත් කරන්නෙමි."*

43වන පරිච්ඡේදය

පූජකයන්ගේ ගෞරවය සම්බන්ධයෙන් පැනනැඟුණු මතභේදය පැරණි මෝසෙස් වෙනස් කළේය

දෙවියන් වහන්සේ විසින් එබඳු කාර්යයක් පවරා ඇති ක්‍රිස්තුස් වහන්සේ තුළ සිටින අය වන එම දේව සේවකයින් පිළිබඳ සඳහන් කිරීමට පෙර, උන්වහන්සේගේ මුළු ගෘහයේ විශ්වාසවන්ත සේවකයෙකු වන ආශීර්වාද ලත් මෝසෙස්තුමාද ඔහුට ලැබී තිබූසියලු තහනම් නියෝග පූජනීය ග්‍රන්ථවල සටහන් කර තිබීමත්, අනෙක් දිවැසිවරුන්ද ඔහු අනුගමනය කරමින්, එතුමා විසින් නියම කරන ලද සියලුම අණ පනත්වලට සාක්ෂි දරමින් ඒවාට අනුකූලතාව දැක්වීම පුදුමයට කරුණක් නොවන්නේද? මක්නිසාද පූජක තන්ත්‍රය

සම්බන්ධයෙන් විරුද්ධවාදිකම් පැනනැඟුණු අවස්ථාවලදී සහ තමන්ගෙන් කවරෙකු එම මහිමාන්විත තනතුරෙන් සැරසිය යුතුද යන්න සම්බන්ධයෙන් ගෝත්‍ර අතර වාද විවාද ඇති වූ කල, එම ගෝත්‍රවල අධිපතීන් දෙළොස් දෙනාට තම තමුන්ගේ සැරයටි ගෙන එන ලෙස ඔහු නියෝග කළේය. එම සැරයටි එකිනෙකෙහි ඔවුන්ගේ ගෝත්‍රයෙහි නම කොටා තිබිණි. ඔහු ඒවා ගෙන එක් කොට බැඳෙද්ය. එසේම ගෝත්‍රවල අධිපතීන්ගේ මුදුවලින් ඒවා මුද්‍රා කළේය. එසේ කර ඒවා දෙවියන් වහන්සේගේ මේසය මත සාක්ෂි මණ්ඩපයේ තැබුවේය. පසුව මණ්ඩපයේ දොරවල් වසා දමා, ඔහු සැරයටි මුද්‍රා කළාක් මෙන් එහි යතුරුද මුද්‍රා කළේය. පසුව ඔහු ඔවුන්ට කතා කොට මෙසේ කීවේය. පුරුෂයෙනි, සහෝදරවරුනි, යම් ගෝත්‍රයකට අයත් සැරයටියෙහි මල් හට ගන්නේද එම ගෝත්‍රය, උන් වහන්සේ වෙත පූජක තනතුරේ කටයුතු ඉටු කිරීමට හා සේවය කිරීමට දෙවියන් වහන්සේ තෝරාගෙන තිබේ. පසු දින උදය පැමිණි විට, ඔහු මුළු ඉශ්රායෙල්වරුන් වන හය ලක්ෂයක් මනුෂ්‍යයින් එක්රැස් කොට ගෝත්‍රවල අධිපතීන්ට මුද්‍රා පෙන්වීය. පසුව සාක්ෂි මණ්ඩපය විවෘත කොට සියලු සැරයටි ඉදිරියට ගෙන ආවේය. එහිදී ආරොන්ගේ සැරයටියෙහි මල් පිපී ඇතිවා පමණක් නොව, ඒ මත ඵල ඇති බවද ඔවුහු දුටුහ. ප්‍රේමවන්තයෙනි, ඔබ සිතන්නේ කුමක්ද? මේ දෙය සිදු වන බව මෝසෙස් කලින් දැන සිටියේ නැද්ද? නිසැකවම ඔහු මෙය දැන සිටියේය; එහෙත් ඔහු එසේ ක්‍රියා කළේ ඉශ්‍රායෙල්හි ද්‍රෝහියෙකු නොසිටින පිණිසත්, සැබෑ හා එකම දෙවියන් වහන්සේගේ නාමය මහිමයට පත් වන පිණිසත්ය. උන් වහන්සේට සදාකාලයෙන් සදාකාලයට මහිමය වේවා. ආමෙන්.

44වන පරිච්ඡේදය

පූජක තනතුරට ගරු කිරීම සම්බන්ධ කිසි ගැටලුවක් නොතිබිය යුතු බවට ප්‍රේරිතවරුන්ගේ අණ පනත් හා නියෝග

අපගේ ස්වාමීන් වන යේසුස් ක්‍රිස්තුස් වහන්සේ කරණකොටගෙන වැඩිමහල්ලන්ගේ නිලතල සම්බන්ධයෙන් ආරවුල් ඇති වන බව අපගේ ප්‍රේරිතයෝද දැන සිටියෝය. මේ හේතුව නිසා, ඔවුන් මේ පිළිබඳව පරිපූර්ණ පූර්ව දැනුමක් ලබාගත් කල, ඔවුහු කලින් සඳහන් කරන ලද අය [සේවකයන්] පත් කළහ. පසුව ඔවුන් නින්දට වැටෙන, එනම් පසුගාමී වන අවස්ථාවලදී අනෙකුත් පිළිගනු ලැබූ මනුෂ්‍යයින් ඔවුන්ගේ සේවයේ යෙදිය යුතු බවට ඔවුන්ට උපදෙස් ලබා දුන්හ. එබැවින්, ඒ අය මුළු සභාවේම කැමැත්ත ඇතිව ඔවුන් විසින් හෝ

පසුව වෙනත් කීර්තිමත් මිනිසුන් විසින් පත් කරන ලද හා නිහතමානීව, සාමකාමීව හා උනන්දුවේ ආත්මයකින් යුක්තව ක්‍රිස්තුස් වහන්සේගේ රැළට නිර්දෝෂී ලෙස සේවය කළ අය සහ දීර්ඝ කාලයක් මුළුල්ලේ සියලු දෙනාගේ යහපත් අභිප්‍රායට ලක් වූ අය දේව සේවයෙන් සාධාරණ ලෙස බැහැර කළ නොහැකි බවට අපට අදහසක් ඇත. මක්නිසාද නිර්දෝෂී ලෙස හා ශුද්ධවන්ත ලෙස සිය යුතුකම් ඉටු කළ වැඩිමහල්ලන් අප ඉවත් කළහොත් අපගේ පාපය කුඩා නොවනු ඇත. තමන්ගේ කාර්යය දැන් අවසන් කර, මේ ලෝකයෙන් ඵලදායි හා පරිපූර්ණ වෙන්වීමක්, පිටත් වීමක් හිමි කර ගත් වැඩිමහල්ලෝ භාග්‍යවන්තයෝය. මක්නිසාද දැන් ඔවුන් පත් කර ඇති ස්ථානයෙන් ඔවුන් ඉවත් කිරීමට කිසිවෙකුට නොහැකි බැවින් එය අහිමි වේ යැයි ඔවුන්ට බියක් නැත. එහෙත්, ඔබ සේවයේදී ඉතා හොඳ හැසිරීමෙන් යුක්ත වූ සහ නිර්දෝෂී ලෙස සහ ගෞරවයෙන් යුක්තව සේවයේ යෙදුණු මිනිසුන් සමහරෙකු දේව සේවයෙන් ඉවත් කර ඇති බව අපට පෙනේ.

45වන පරිච්ඡේදය

ධර්මිෂ්ඨයන්ට හිරිහැර කිරීම දුෂ්ටයන්ගේ කොටසකි

සහෝදරවරුනි,ඔබ වාද විවාදවලට ඇලුම් කරන්නහුය. එසේම ගැළවීමට කිසිසේත්ම අදාළ නොවන දේවල් ගැන ජ්වලිතයෙන් පිරී සිටින්නහුය. ශුද්ධාත්මයාණන් වහන්සේගේ සැබෑ වචන වන ශුද්ධලියවිල්ල දෙස සැලකිල්ලෙන් බලන්න. අයුක්ති සහගත හෝ ව්‍යාජ චරිත කිසිවක් එහි ලියා නොමැති බව නිරීක්ෂණය කරන්න. ශුද්ධ වූ මනුෂ්‍යයන් විසින් ධර්මිෂ්ඨ මනුෂ්‍යයන් පන්නා දැමූ බව එහිදී ඔබට හමු වන්නේ නැත. ඇත්තෙන්ම ධර්මිෂ්ඨ අයට පීඩා කරනු ලැබ ඇති අතර එසේ පීඩා කරනු ලැබ ඇත්තේ දුෂ්ටයන් විසිනි. ඔවුහු සිරගත කරනු ලැබුවේ අපවිත්‍ර අය විසින් පමණි. ඔවුන්ට ගල් ගසනු ලැබ ඇත්තේ අපරාධකරුවන් විසින් පමණි. ඔවුන් ඝාතනය කරනු ලැබ ඇත්තේ ශාප ලත් අය විසින් පමණි. එසේ එවන් වූ අය ඔවුන්ට විරුද්ධව අධර්මිෂ්ඨ ඊර්ෂ්‍යාවක් ඇතිරගෙන ඇත. එවැනි දුක් ගැහැටවලට නිරාවරණය වූ ඔවුහු ඒවා මහිමාන්විතව විඳ දරාගත්හ. සහෝදරවරුනි, අපි කුමක් කියමුද? දෙවියන් වහන්සේට බිය දැක්වූ අය විසින් දනියෙල් සිංහ ගුහාවට දමනු ලැබුවේද? දනියෙල් 6:16. මහෝත්තමයාණන් වහන්සේගේ ශ්‍රේෂ්ඨහා මහිමාන්විත නමස්කාරය නිරීක්ෂණය කළ අය විසින් හනනියස්, අසරියා සහ මිෂායෙල් ගිනි උදුනක දමා වසනු ලැබුවේද? දනියෙල් 3:20.

එවැනි වූ සිතුවිල්ලක් අපෙන් ඉතා දුරස් වේවා! එසේ නම් එවැනි දේ කළ අය කවුරුන්ද? ද්වේෂසහගත අය සහ සියලු දුෂ්ටකම්වලින් පිරී සිටි අය එවැනි කෝපයකින් ඇවිස්සුණු අතර, ශුද්ධ වූ හා [හදවතේ] නිර්දෝෂී අරමුණකින් යුක්තව දෙවියන් වහන්සේට සේවය කළ අයට ඔවුන් විසින් වධ හිංසා පමුණුවන ලදී. එසේ කළේ එවන් වූ නිර්දෝෂී හෘදයසාක්ෂියක් ඇතිව උන් වහන්සේගේ උසස් වූ නාමයට ගෞරවය දක්වන අයගේ ආරක්ෂකයාණන් සහ රැකවල්කරුවාණන් මහෝත්තමයාණන් වහන්සේ බව නොදැනය. උන් වහන්සේට සදාකාලයෙන් සදාකාලයටම මහිමය වේවා. ආමෙන්. එහෙත්, ස්ථිර අධිෂ්ඨානයකින් යුතුව මේ දේවල් විඳ දරාගත් අය දැන් මහිමයේ හා ගෞරවයේ උරුමක්කාරයන් වන අතර, දෙවියන් වහන්සේ විසින් ඔවුන් උසස් කරනු ලැබ ඔවුන්ගේ සිහිවීම සදාකාලයෙන් සදාකාලයට කීර්තිමත් කරනු ලැබ ඇත. ආමෙන්.

46වන පරිච්ඡේදය

අපි ධර්මිෂ්ඨ අය වෙත ඇලුම්කමින් බැඳෙමු: ඔබේ අරගලය විනාශදායකය

එබැවින් සහෝදරවරුනි, එවැනි උදහරණ අප විසින්ද අනුගමනය කිරීම නිවැරදි වේ. මක්නිසාද *"ශුද්ධ තැනැත්තාට ඇලී සිටින්න, මන්ද ඔවුන්ට ඇලුම් කරන අයද ශුද්ධවත් වනු ඇත"*යනුවෙන් ලියා ඇත. නැවතත් [ශුද්ධලියවිල්ල] වෙනත් ස්ථානයක මෙසේ පවසයි: *"අහිංසක අයෙකු සමග සිටීමෙන් ඔබ අහිංසක බවටද, තෝරාගනු ලැබූ අයෙකු සමග සිටීමෙන් ඔබ තෝරාගනු ලැබූවෙකුද, විකෘති මිනිසෙකු සමඟ සිටීමෙන් ඔබ විකෘති අයෙකු ලෙසද පෙනෙනු ඇත."* එබැවින් අහිංසක හා ධර්මිෂ්ඨ අය දෙවියන් වහන්සේ විසින් තෝරාගනු ලැබූ අය බැවින් ඔවුන් වෙත අපි ඇලුම්කමින් බැඳී සිටිමු. ඔබ අතර ආරවුල්, කැලඹීම්, බෙදීම්, භේද සහ යුද්ධ පවතින්නේ මන්ද? අපි සියලු දෙනාටම සිටින්නේ එකම දෙවියන් වහන්සේ සහ එකම ක්‍රිස්තුස් වහන්සේ නොවන සේක්ද? අප කෙරෙහි වගුරුවනු ලැබුවේ එකම කරුණාවේ ආත්මය නොවන්නේද? අපට තිබෙන්නේ ක්‍රිස්තුස් වහන්සේගේ එකම කැඳවීම නොවන්නේද? එපීස 4.4-6. අප ක්‍රිස්තුස් වහන්සේගේ සාමාජිකයන් වන අවයව දෙකඩ කොට ඉරා දමා ඇත්තේ මන්ද? එසේම අපගේම ශරීරයට විරුද්ධව ආරවුල් ඇති කර, *"අප එකිනෙකාගේ අවයව"* බව අමතක කිරීමට තරම් උමතු බවේ උච්චතම අවස්ථාවකට පැමිණ ඇත්තේ මන්ද? රෝම 12:5. අපගේ ස්වාමීන් වන යේසුස් ක්‍රිස්තුස් වහන්සේ පැවසූ වචන සිහි

කරගන්න. උන් වහන්සේ මෙසේ පැවසූ සේක: "නුමුත් යමෙකු කරණකොටගෙන ඒවා[බාධා] පැමිණේද ඔහුට දුක්වේ. යමෙක් මේ කුඩා අය ගෙන් එක්කෙනෙකුට බාධාකරනවාට වඩා, එසේ කරන්නාගේ බෙල්ලේ ඇඹරුම් ගලක් එල්ලා, ඔහු මුහුදේ දැමීම ඔහුට යහපත."ඔබේ භේදය කරණකොටගෙන බොහෝ දෙනෙකුගේ ඇදහිල්ල බිඳ දමා ඇත, බොහෝ දෙනෙකු අධෛර්යවත් කර ඇත, බොහෝ දෙනෙකු තුළ සැකය ඇති වීමට තුඩු දී ඇත,එසේමඅප සැමට වේදනාවක් ඇති කර තිබේ. එසේ වූවද තවමත් ඔබේ ද්‍රෝහී බව දිගටම පවතී.

47වන පරිච්ඡේදය

පාවුලුතුමාගේ කාලයේ තිබූ භේදයට වඩා ඔබගේ මෑතකාලීන භේදය නරකය

ආශීර්වාද ලත් ප්‍රේරිත පාවුලුතුමාගේ ලිපිය කියවන්න. ශුභාරංචිය මුලින්ම දේශනා කිරීමට පටන් ගත් අවස්ථාවේදී ඔහු ඔබට ලියා ඇත්තේ කුමක්ද? සැබවින්ම, ශුද්ධ ආත්මයාණන්ගේ ආනුභාවයෙන්, ඔහු ඔබට ඔහු ගැනත්, කේපස් සහ අපොල්ලොස් ගැනත් ලිපියක් ලියා ඇත. මක්නිසාදයත් ඒ වන විටත් ඔබ අතර පක්ෂ භේද ඇති වී තිබූ බැවිනි. එහෙත්, එක් අයෙකුට වඩා අනෙක් තැනැත්තා උසස් කිරීමේ ඔබට වූ එම නැඹුරුව ඔබ කෙරෙහි වූ සුළු වරදක් විය. එවකට ඉහළ කීර්තියක් ඇති ප්‍රේරිතයන් කෙරෙහිත්, ඔවුන් විසින් අනුමත කරන ලද මිනිසෙකු කෙරෙහිත් ඔබේ පක්ෂග්‍රාහීත්වය පෙන්වා දී තිබුණි. එහෙත් ඔබ මාර්ගයෙන් ඉවත් කරනු ලැබුවේ සහ කීර්තියට පත් වූ ඔබේ සහෝදර ප්‍රේමය අඩු කරනු ලැබුවේ කවුරුන්දැයි දැන් සිතා බලන්න. ප්‍රේමණීය සහෝදරවරුනි, කොරින්තිවරුන්ගේ වඩාත්ම ස්ථිර හා ඉපැරණි සභාවේ අය සම්බන්ධයෙන් එවන් දෙයක් ඇසීමට ලැබීම නින්ද සහගතය. එක් අයෙකු හෝ දෙදෙනෙකු නිසා, එහි සිටින වැඩිමහල්ලන්ට විරුද්ධව ද්‍රෝහී ක්‍රියාවන්හි යෙදීම අතිශයින්ම නින්දිතය. එසේම එය ඔබේ ක්‍රිස්තියානි ජීවිතයට නුසුදුසුය.එසේම මෙම කටකතාව අපට පමණක් නොව, අප හා සම්බන්ධ නොවන අය වෙතටද පැමිණ තිබේ. එබැවින්, ඔබේ මනසේ කැමැත්ත තුළින් සමිඳුණන් වහන්සේගේ නාමයට අපහාස පැමිණේ. එසේම ඔබ මත අනතුර ළඟා වේ.

48වන පරිච්ඡේදය

සහෝදර ප්‍රේමයෙන් යුක්තව හැසිරීම කරා නැවතත් ගමන් කරමු

එබැවින් අපි හැකි ඉක්මනින්මේවා (කාරණා පවතින තත්වය) අවසන් කරමු. එසේම අපි සමිඳාණන් වහන්සේ ඉදිරියෙහි වැඳ වැටී කඳුළු සලමින් උන් වහන්සේ දයානුකම්පිතව අප හා සමගි වන පිණිසත්, අපගේ පෙර පැවති ශුද්ධ වූ සහෝදර ප්‍රේමයට අප නැවත ප්‍රතිස්ථාපනය කරන පිණිසත් උන් වහන්සේගෙන් උදක්මඉල්ලා සිටිමු. මක්නිසාද එය (එවැනි හැසිරීම) ධර්මිෂ්ඨකමේ දොරටුව වන අතර, ජීවනය ළඟා කර ගැනීම උදෙසා එය විවෘත කර ඇත. මක්නිසාද ලියවිල්ලෙහි මෙසේ ලියා ඇත: *"ධර්මිෂ්ඨකමේ දොරටු මට විවෘත කරන්න. මම ඒ තුළින් ඇතුළු වී ස්වාමින් වහන්සේට ප්‍රශංසා කරන්නෙමි. මෙය සමිඳාණන් වහන්සේගේ දොරටුවය. ධර්මිෂ්ඨයා ඒ තුළින් ඇතුළු වන්නේය."* එබැවින්, බොහෝ දොරටු විවෘත කර ඇතත්, මෙම ධර්මිෂ්ඨකමේ දොරටුව නම්, ක්‍රිස්තුස් වහන්සේ තුළ ඇති දොරටුව වන අතර, ඒ තුළින් ඇතුළු වූ සහ ශුද්ධකම සහ ධර්මිෂ්ඨකම තුළතමන්ගේ මාර්ගය යොමු වූ, එමෙන්ම සියලු දෙයම පිළිවෙලක් ඇතිව සිදු කරන සියලු දෙනාම ආශීර්වාද ලද්දෝය. මිනිසෙකු විශ්වාසවන්ත විය යුතුය: දැනුම බෙදා ගැනීමේදී ඔහු බලවත් සහ ශක්තිමත් විය යුතුය. වචන විනිශ්චය කිරීමේදී ඔහු ඥානවන්ත විය යුතුය. කරන සියලු ක්‍රියාවලදී ඔහු පවිත්‍රව සිටිය යුතුය. එහෙත් ඔහු අන් අයට වඩා උසස් බව පෙනෙන විට [මේ කාරණාවලදී] ඔහු වඩාත් නිහතමානී මනසක් ඇති අයෙකු විය යුතුය. එසේම ඔහුගේ වාසිය තකා පමණක් ක්‍රියා නොකොට සියල්ලන්ගේම පොදු යහපත සෙවිය යුතුය.

49වන පරිච්ඡේදය

ප්‍රේමය පිළිබඳ ප්‍රශංසාව

ක්‍රිස්තුස් වහන්සේ තුළ ප්‍රේමය ඇති තැනැත්තා ක්‍රිස්තුස් වහන්සේගේ ආඥා පිළිපදිත්වා. දෙවියන් වහන්සේගේ ප්‍රේමයේ [ආශීර්වාද ලත්] බැඳීම විස්තර කළ හැක්කේ කවරෙකුටද? එහි සුන්දරත්වයේ විශිෂ්ටත්වය පිළිබඳව, පැවසිය යුතු ආකාරයට කුමන මනුෂ්‍යයෙකුට පැවසිය හැකි වන්නේද? ප්‍රේමය උසස් කරන උස කිව නොහැකි තරම්ය. ප්‍රේමය කරණකොටගෙන අප දෙවියන් වහන්සේ සමග එක්

කෙරෙයි. ප්‍රේමය පව් රාශියක් ආවරණය කරයි. ප්‍රේමය සැම දෙයක්ම දරා ගනියි, සැම දෙයකදීම ඉවසිලිවන්ත ලෙස විඳ දරා ගනියි. ප්‍රේමය කිසිවක් පදනම් කරගන්නේ නැත, ප්‍රේමයේ කිසි අහංකාර බවක් ඇත්තේ නැත. ප්‍රේමය කිසිදු භේදයක් නොමැති බව පිළිගනියි: ප්‍රේමය කිසිදු ද්‍රෝහිකමකට මග පාදන්නේ නැත: ප්‍රේමය සැම දෙයක්ම සමගියෙන් ඉටු කරයි. දෙවියන් වහන්සේ විසින් තෝරාගනු ලැබූ සියල්ලන්ම ප්‍රේමය කරණකොටගෙන පරිපූර්ණ අය බවට පත් කරනු ලැබ ඇත. ප්‍රේමය නොමැතිව අන් කිසිවක් දෙවියන් වහන්සේට ප්‍රසන්න නොවේ. සමිඳුණන් වහන්සේ අප උන් වහන්සේ වෙතට රැගෙන ගියේ ප්‍රේමය කරණකොටගෙනය. ප්‍රේමය කරණකොටගෙන උන් වහන්සේ අප දරාගත් සේක. දෙවියන් වහන්සේගේ කැමැත්ත කරණකොටගෙන අපගේ ස්වාමීන් වන යේසුස් ක්‍රිස්තුස් වහන්සේ උන් වහන්සේගේ රුධිරය අප උදෙසා දුන් සේක. උන් වහන්සේගේ මාංසය අපගේ මාංසය උදෙසාද, උන් වහන්සේගේ ආත්මය අපගේ ආත්ම උදෙසාද දුන් සේක.

50වන පරිච්ඡේදය

ප්‍රේමය ලැබීමට සුදුසු යැයි සිතන පිණිස අපි යාච්ඤා කරමු

ප්‍රේමවන්තයෙනි, ප්‍රේමය කෙතරම් ශ්‍රේෂ්ඨ මෙන්ම පුදුමාකාර දෙයක්ද යන්නත්, එහි පරිපූර්ණත්වය ප්‍රකාශ කිරීමක් නොමැති බවත් ඔබට පෙනේ. ප්‍රේම කිරීමට දෙවියන් වහන්සේ පොරොන්දු වී ඇති අය හැර, ප්‍රේම කරනු ලැබීමට සුදුසු අය කවුරුන්ද? එම නිසාඑකිනෙකාට ඉහළින් මිනිසුන් අතර ඇති සියලු ආකාරයේ බෙදීම්වලින් තොරව අප ප්‍රේමයෙන් නිර්දෝෂීව ජීවත් වන පිණිසඋන් වහන්සේගේ කරුණාව ඉල්ලා අපි යාච්ඤා කරමු. ආදම්ගේ සිට අද දක්වා වන සියලු පරම්පරාවන් පහව ගොස් ඇත. එහෙත්, දෙවියන් වහන්සේගේ අනුග්‍රහය තුළින් ප්‍රේමයෙන් පරිපූර්ණ වී, දැන් දේවභක්තික අය අතර ස්ථානයක් හිමි කරගෙනසිටින අය, ක්‍රිස්තුස් වහන්සේගේ රාජ්‍යය එළිදරව් වීමේදී ප්‍රකාශ වනු ඇත. මක්නිසාද ලියවිල්ලෙහි මෙසේ දක්වා ඇත: *"මාගේ සෙනඟ එන්න, නුඹලාගේ ඇතුල් ගෙවලට ගොස් නුඹලාගේ දෙරවල් වසාගන, කෝපය පහවයන තුරු ස්වල්ප මොහොතක් සැඟවී ඉන්න."* යෙසායා 26:20. ප්‍රේමවන්තයෙනි,අපි ප්‍රේමයෙන් යුක්තව දෙවියන් වහන්සේගේ ආඥා පවත්වන්නෙමු නම් අපි භාග්‍යවන්තයෝ වෙමු. මක්නිසාද යත් ප්‍රේමය තුළින් අපගේ පාප අපට කමා කරනු ලැබ ඇති හෙයිනි. මක්නිසාද මෙසේ ලියා

ඇත. මක්නිසාද අපරාධයට කමාවත්, පාපයට වැස්මත් ලැබූ තැනැත්තෝ භාග්‍යවන්තයෝය. සමිඳුණන් වහන්සේ විසින් ඔහුගේ ගණනට අපරාධය සිහි නොකරන, තමාගේ මුඛයෙහි කිසි වංචාවක් නැති මනුෂ්‍යයා භාග්‍යවන්තයෙකි. මෙම ආශීර්වාදය ලැබෙන්නේ අපගේ ස්වාමින් වන යේසුස් ක්‍රිස්තුස් වහන්සේ තුළින් දෙවියන් වහන්සේ විසින් තෝරාගනු ලැබූ අයටය. උන් වහන්සේට සදකාලයෙන් සදකාලයටම මහිමය වේවා. ආමෙන්.

51වන පරිච්ඡේදය

අරගලයේ හවුල්කරුවන් හට ඔවුන්ගේ පාප පිළිගැනීමට ඉඩ හරින්න

එබැවින් අපි සතුරාගේ ඕනෑම යෝජනාවක් මගින් අප විසින් සිදු කරන ලද සියලු වැරදිවලට සමාව අයැද සිටිමු. ද්‍රෝහී බවින් සහ එකඟ නොවීමෙන් නායකත්වය දැරූ අය පොදු බලාපොරොත්තුවට ගරු කළ යුතුය. මක්නිසාද යත් බියෙන් හා ප්‍රේමයෙන් ජීවත් වන අය ඔවුන්ගේ අසල්වැසියාට වඩා තමාම වැඩි වශයෙන් දුක් විඳීමට සම්බන්ධ විය යුතුය. අපට හොඳින් හා භක්තිමත් ලෙස භාර දී ඇති සම්මුතිය අනුව දුක් විඳිය යුතු වූවද, ඔවුන් තමන් වෙතම දෙස් පවරා ගැනීමට කැමැත්තක් දක්වයි. මක්නිසාද දෙවියන් වහන්සේගේ සේවකයා වූ මෝසෙස්ට විරුද්ධව පොලඹවනු ලැබ දැඩි හදවතින් යුතුව සිටිමින් [සියල්ලන් වෙත] දඬුවම් පැමිණෙවූ අය මෙන්, මනුෂ්‍යයෙකු තමාගේ හදවත දැඩි කර ගැනීමට වඩා තමාගේ පාප පිළිගැනීම යහපත් දෙයකි. මක්නිසාද ඔවුහු පණපිටින් ෂෙයෝලයට යවනු ලැබිණි. මරණය විසින් ඔවුන් ගිලගන්නා ලදී. ඵාරාවෝ ඔහුගේ හමුදාව සමගින් මිසරයේ සියලු අධිපතිහු මෙන්ම අශ්ව රථ සහිත අශ්වාරෝහකයෝ සියලු දෙනාම රතු මුහුදේ ගැඹුරේ ගිලී විනාශ වී ගියහ. නික්මයාම 14. එයට හේතුව දෙවියන් වහන්සේගේ සේවකයා වූ මෝසෙස් විසින් මිසර දේශයේ බොහෝ හාස්කම් සහ ලකුණු සිදු කිරීමෙන් පසුව පවා ඔවුන්ගේ මෝඩ හදවත් දැඩි වී තිබීම මිස අන් කිසිවක් නොවීය.

52වන පරිච්ඡේදය

එවැනි පාපෝච්චාරණයක් දෙවියන් වහන්සේට ප්‍රසන්න වේ

සහෝදරයෙනි, ස්වාමින් වහන්සේට කිසිවක් අවශ්‍ය නැත. එසේම තමන් වහන්සේ වෙත පාපෝච්චාරණය කිරීම හැර වෙන කිසිවක් උන් වහන්සේ කිසිවෙකුගෙන් බලාපොරොත්තු වන්නේද නැත. මක්නිසාද තෝරා පත් කරන ලද දාවිත් මෙසේ පවසයි: *"මම ස්වාමින් වහන්සේට පාපෝච්චාරණය කරන්නෙමි; අං සහ කුර ඇති තරුණ ගොනෙකුට වඩා උන් වහන්සේ එයට ප්‍රිය වන සේක. දුප්පත් අය එය දැක සන්තෝෂ වෙත්වා."* එසේම නැවතත් ඔහු මෙසේ පවසයි: *"දෙවියන් වහන්සේට ප්‍රශංසාවේ පූජාව ඔප්පු කරන්න. එසේම මහෝත්තමයාණන් වහන්සේට ඔබේ බාර ඔප්පු කරන්න. ඔබේ විපත්ති දවසේදී මට යාච්ඤා කරන්න. මම ඔබ මුදන්නෙමි. ඔබ මට ගෞරවය දෙනු ඇත. මක්නිසාද දෙවියන් වහන්සේට කළ යුතු පූජාව නම් බිඳුණු හදවතකි."*

53වන පරිච්ඡේදය

තම සෙනඟ වෙත මෝසෙස්ගේ ප්‍රේමය.

ප්‍රේමවන්තයෙනි, ඔබ ශුද්ධලියවිල්ල හොඳින් තේරුම්ගෙන ඇත. එසේම ඔබ දෙවියන් වහන්සේගේ වචන දෙස ඉතා උනන්දුවෙන් බැලුවහුය. එසේ නම් මේ දේවල් ඔබ නැවත සිහි කරන්න. මෝසෙස් කන්දට නැඟී ගොස් නිරාහාරව දවස් සතළිසක් හා රාත්‍රි සතළිසක් එහි ගත කළ අවස්ථාවේදී සමිඳාණන් වහන්සේ ඔහුට කතා කොට මෙසේ පැවසූ සේක: *"මෝසෙස්, මෝසෙස්, මෙතැනින් ඔබ ඉක්මනින් බැස පහළට යන්න; මක්නිසාද ඔබ මිසර දේශයෙන් පිටතට ගෙනා ඔබේ සෙනඟ අයුතුකම් කළෝය. මා විසින් ගමන් කිරීමට ඔවුන්ට අණ කරන ලද මාර්ගයෙන් ඔවුන් වේගයෙන් ඉවත්ව ගොස් ඔවුන් උදෙසා ඔවුන් විසින්ම උණු කරන ලද රූප සාදාගෙන ඇත."* සමිඳාණන් වහන්සේ ඔහුට කතා කොට මෙසේ කී සේක: *"මම ඔබට නැවත වරක් කථා කළෙමි. එනම් මම මේ සෙනඟ දුටුවෙමි, බලව, ඔවුන් තද සිත් ඇති සෙනඟකි. මම ඔවුන් විනාශ කරන්නෙමි, ඔවුන්ගේ නාමය ස්වර්ගයයටින් මකා දමන්නෙමි. මම ඔබ ශ්‍රේෂ්ඨ හා අනර්ඝ ජාතියක් බවට පත් කරන්නෙමි. මෙයට වඩා ගණනින් වැඩි කරන්නෙමි."* එහෙත්, මෝසෙස් කතා කොට මෙසේ කීවේය:

"ස්වාමිනි, එසේ කිරීම ඔබෙන් දුරු වේවා. මේ සෙනඟගේ පාපයට සමාව දෙන්න. එසේ නැතිනම් ජීවත් වන්නවුන්ගේ පොතෙන් මාද මකා දමන්න." නික්මයාම 32:32. අහෝ, පුදුමාකාර ප්‍රේමයකි! අහෝ කෙතරම් පරිපූර්ණත්වයක්ද! සේවකයා තම ස්වාමීන් වහන්සේට නිදහසේ කථා කරයි, එසේම ජනතාව උදෙසා උන් වහන්සේගෙන් සමාව ඉල්ලයි, නැතහොත් තමාද ඔවුන් සමඟ විනාශ වන ලෙස ඉල්ලමින් ආයාචනා කර සිටියි.

54වන පරිච්ඡේදය

සභාවෙහි සාමය ප්‍රතිස්ථාපනය කරනු ලබන පිණිස ප්‍රේමයෙන් පිරුණු තැනැත්තාට සෑම පාඩුවක්ම සිදුවනු ඇත

එසේනම් ඔබ අතර උදර මනසක් ඇති තැනැත්තා කවුරුන්ද? දයානුකම්පිත තැනැත්තා කවුරුන්ද? ප්‍රේමයෙන් පිරුණු තැනැත්තා කවුරුන්ද? *"ක්‍රිස්තුස් වහන්සේගේ රැළ උදෙසා පත් කර ඇති වැඩිමහල්ලන් සමග සාමයෙන් ජීවත් වීමට ඉඩ දෙන පිණිස, මා නිසා ද්‍රෝහීත්වය හා එකඟ නොවීම හා මතභේද ඇති වී තිබේ නම්, මම පිටත්ව යන්නෙමි, ඔබ කැමති තැනකට මම පිටත්ව යන්නෙමි, බහුතරය විසින් අණ කරනු ලබන ඕනෑම දෙයක් මම කරන්නෙමි"* යනුවෙන් ඔහු ප්‍රකාශ කළ යුතුය. මෙසේ ක්‍රියා කරන තැනැත්තා සමිඳාණන් වහන්සේ තුළ මහත් මහිමය ලබාගන්නේය. සෑම තැනකදීම ඔහු පිළිගනු ලබනවා ඇත. මක්නිසාද *"පොළොව සහ එහි පූර්ණත්වය ස්වාමීන් වහන්සේගේය."* දේවභක්තික ජීවිතයක් ගත කරන අය තමා විසින් කර තිබෙන සහ කරන්නට යන මේ දේවල් පිළිබඳ කිසි විටෙකත් පසුතැවිලි නොවිය යුතුය.

55වන පරිච්ඡේදය

එවැනි ප්‍රේමය සම්බන්ධ උදාහරණ

මිථ්‍යාදෘෂ්ටිකයන් අතර ඇති එවැනි උදාහරණ කිහිපයක් ඉදිරිපත් කරමි. බොහෝ රජවරු සහ අධිපතීහූ වසංගත කාලවලදී, දේවවාක්‍යයකින් මඟපෙන්වනු ලැබූ අවස්ථාවේදී, තමාම මරණයට යටත් වී ඇත. එසේ සිදු කරන ලද්දේ ඔවුන්ගේ රුධිරයෙන් තමාගේ යටත්වැසියන් වන සෙසු පුරවැසියන් [විනාශයෙන්] බේරා

ගැනීම සඳහාය. බොහෝදෙනෙකු තමන්ගේ නගරවල වූ ද්‍රෝහී ක්‍රියා අවසන් වන පිණිස එම නගරවලින් පිටත්ව ගොස් ඇත. අප අතර සිටින බොහෝ දෙනෙක් අන් අය මුදාගන්නා පිණිස තමාම බැඳීම්වලට යටත් වී ඇති බව අපි දනිමු. තවත් බොහෝ අය තමාම වහල්භාවයටද පත් වී ඇත්තේ, එමගින් තමන්ට ලැබෙන මුදලින් අන් අයට ආහාර සැපයීම උදෙසාය. බොහෝ කාන්තාවන් දෙවියන් වහන්සේගේ අනුග්‍රහය මගින් ශක්තිමත් වී බොහෝ යහපත් දේවල් සිදු කර ඇත. ආශීර්වාද ලත් ජුඩිත් ඇගේ නගරය වටලනු ලැබූ විට, නාඳුනන අයගේ කඳවුරට යාමට වැඩිමහල්ලන්ගෙන් අවසර ඉල්ලා සිටියාය. එසේ ගොස් අනතුරට නිරාවරණය වෙමින් එවකට වටලනු ලැබ සිටි තමන්ගේ සෙනග උදෙසා සහ තම රටට දැක්වූ ආදරය නිසා එලෙස ක්‍රියා කළාය. එසේ සමිඳාණන් වහන්සේ හොලොෆර්නස් ස්ත්‍රියක අතට පාවා දුන් සේක. ජුඩිත් 8:30. එස්තර් ද ඇදහිල්ලෙන් පරිපූර්ණ වී එවන් ආකාරයේම අනතුරකට නිරාවරණය වූවාය. එසේ ඉශ්‍රායෙල් ගෝත්‍ර දෙළොස ඉදිරියේදී ඇති වන විනාශයෙන් මුදවා ගැනීම සඳහා ක්‍රියා කළාය. ඇය නිරාහාරව සිටිමින් සියල්ල දකින සදාකාල දෙවියන් වහන්සේගෙන් අයැද සිටියාය. උන් වහන්සේ ඇගේ ආත්මයේ යටහත්පහත්කම දැනගෙනඇය අනතුරට මුහුණාදුන්නේ කවුරුන් උදෙසාද, එම ජනතාව මුදාගත් සේක.

56වන පරිච්ඡේදය

අපි එකිනෙකාට අවවාද කර නිවැරදි කරමු

එබැවින්, ඕනෑම පාපයකට වැටී සිටින අය වෙනුවෙන් ඔවුන්ට යටත්පහත්කම හා නිහතමානීකම ලැබෙන පිණිසත්, ඒ අනුව ඔවුන් අපට නොව දෙවියන් වහන්සේගේ කැමැත්තට යටත් වන පිණිසත් අපි යාච්ඤා කරමු. ඒ ආකාරයෙන් අප දෙවියන් වහන්සේට කරන යාච්ඤාවලදී සහ අප ඔවුන් ගැන ශුද්ධවන්තයන් වෙත සඳහන් කිරීමේදී ඔවුන් කෙරෙහි අනුකම්පාවෙන් ඵලදායී හා පරිපූර්ණ සිහි කිරීමක් ඔවුන්ට අපෙන් ලැබෙනු ඇත. ප්‍රේමවන්තයෙනි, කිසිවෙකු අප්‍රසන්න නොවන පිණිස අපි නිවැරදි කිරීම් ලබා ගනිමු. අප එකිනෙකාට කරන එම අවවාද යහපත සහ උසස් වූ ප්‍රයෝජ්‍ය යන කාරණා දෙකම උදෙසා වේ. මක්නිසාද යත් ඒ මගින් දෙවියන් වහන්සේගේ කැමැත්තට අප එක්සත් කිරීමට නැඹුරු වන බැවිනි. ශුද්ධලියවිල්ලෙහි මෙසේ පවසයි: *"බලව, දෙවියන්වහන්සේගෙන් දඬුවම් ලබන මනුෂ්‍යයා වාසනාවන්තයෙක්ය. එබැවින් සර්වපරාක්‍රමයාණන්ගේ දඬුවම්කිරීම සුළු නොකරන්න.මක්නිසාද උන්වහන්සේ තුවාල කරනසේක, උන්වහන්සේම තුවාලය බඳිනසේක;*

උන්වහන්සේ පහරදෙනසේක, උන්වහන්සේගේම අත්වලින් සුවකරනසේක.විපත්ති හයකින් උන්වහන්සේ ඔබ ගළවනසේක; එසේය, හතකිනුත් ඔබට අනතුරක් නොවන්නේය.සාගතයේදී මරණයෙන්ද යුද්ධයේදී කඩුවේ බලයෙන්ද උන්වහන්සේ ඔබ මුදනසේක.දිව නමැති කසයෙන් ඔබ සඟවනු ලබන්නෙහිය; විනාශය එන කල භයනොවී සිටින්නෙහිය.විනාශයටත් කෑම හානියටත් ඔබ සිනාසෙන්නෙහිය; පොළොවේ මෘගයන්ටද භයනොවී සිටින්නෙහිය. මක්නිසාද වනයේ ගල් සමඟ පවා ඔබේ ගිවිසුමක් වන්නේය; වනයේ මෘගයෝද ඔබ සමඟ සමාදනයෙන් ඉන්නෝය.මෙසේ ඔබේ කූඩාරම සමාදනයෙන් තිබෙන බව ඔබ දැනගන්නෙහිය; ඔබේ ගාල බලන්ට ගිය කල කිසිවක් නැතිනුවූ බවද දකින්නෙහිය.තවද ඔබේ වංශය බොහෝ බවද ඔබෙන් පැවත එන්නන් පොළොවේ තණකොළ මෙන් වන බවද ඔබ දැනගන්නෙහිය.ගොයම් මිටියක් නියම කාලයේදී ගෙනයනු ලබන්නාක්මෙන් ඔබ වයසින් පූර්ණව සොහොනට පැමිණෙන්නෙහිය." යෝබ් 5:17-26. ප්‍රේමවන්තයෙනි, සමිඳාණන් වහන්සේ විසින් හික්මවනු ලැබූ අයට ආරක්ෂාව දෙන ලද බව ඔබට පෙනේ. මක්නිසාද යත්,ප්‍රේමවන්තයෙනි,දෙවියන් වහන්සේ යහපත් බැවින් සමිඳාණන් වහන්සේ විසින් දඬුවම් කරනු ලබන අයට ආරක්ෂාව සපයන බව ඔබට පෙනේ.උන් වහන්සේගේ ශුද්ධ දඬුවම් කිරීම් මගින් අපට අවවාද කරන පිණිසඋන් වහන්සේ අපහික්මවන සේක.

57වන පරිච්ඡේදය

ද්‍රෝහී බවේ කතුවරුන්ට තමාම යටත් වීමට ඉඩ දෙන්න

එබැවින්, මෙම බෙදීමේ ද්‍රෝහී බවේ අඩිතාලම දැමූ ඔබ, වැඩිමහල්ලන්ට යටත් වන්න. එසේ යටත් වී නිවැරදි කිරීම් ලබාගනිමින් ඔබේ හදවත නමැති දණහිස් නමමින් පසුතැවිලි වන්න. ඔබේ දිවේ ඇති උඩඟුකම හා අහංකාර ආත්ම විශ්වාසය පසෙකට දමමින් යටත් වීමට ඉගෙන ගන්න. මක්නිසාද, ඔබ ඉතා උසස් තත්වයකට පත් කරනු ලැබ, පසුව උන් වහන්සේගේ සෙනඟගේ බලාපොරොත්තුවෙන් ඔබ නෙරපා හරිනු ලැබීමට වඩා ක්‍රිස්තුස් වහන්සේගේ රැළේ නිහතමානී එහෙත් ගෞරවනීය ස්ථානයක් හිමි කර ගැනීම වඩා යහපත්ය. මක්නිසාද සියලු ගුණවත් ප්‍රඥව මෙසේ පවසයි: "මාගේ අවවාදයට හැරෙන්න. මෙන්න, මාගේ ආත්මය නුඹලා කෙරෙහි වගුරුවන්නෙමි, මාගේ වචන නුඹලාට දන්වන්නෙමි. මක්නිසාද මම අඬගැසීමි, නුඹලා අකැමැතිවූහුය; මාගේ අත දිගුකෙළෙමි, කවරෙක්වත් සැලකුවේ නැත;නුඹලා මාගේ සියලු

දැනමුතුකම් සුළුකොට, මාගේ අවවාදය කොහෙත්ම පිළිනොගත්තාහුය.එබැවින් මමත් නුඹලාගේ විපත්ති දවසේදී සිනාසෙන්නෙමි; නුඹලාට භය පැමිණෙන විටද,නුඹලාගේ භීතිය කුණාටුවක් මෙන් පැමිණෙන විටද, නුඹලාගේ විනාශය සුළි හුළඟක් මෙන් එනවිටද, නුඹලා කෙරෙහි විපතත් දුකත් පැමිණෙන විටද, මම සරදම්කරන්නෙමි.එවිට ඔවුන් මට හඬගසන නුමුත් මම උත්තර නොදෙන්නෙමි; ඔවුන් බොහෝසේ මා සොයන නුමුත් මා සම්බවන්නේ නැත.මක්නිසාද ඔව්හු දැනගැන්මට ද්වේෂකොට, ස්වාමීන්වහන්සේ කෙරෙහි භයවීම තෝරා නොගෙන සිටියෝය.ඔව්හු මාගේ දැනමුතුකමට මුළුමනින්ම අප්‍රසන්නවී, මාගේ සියලු අවවාද සුළුකළෝය.එබැවින් ඔව්හු තමුන්ගේම ක්‍රියාවල ඵල ලබන්නාහුය, තමුන්ගේම මන්ත්‍රණාවලින්ද තෘප්තියට පැමිණෙන්නාහුය..''හිතෝපදේශ 1:22-33. මක්නිසාද නුවණ නැත්තෝ තමුන්ගේ පසුබටවීම නිසා මැරුම්කන්නෝය. අඥානයෝ තමුන්ගේ නොසැලකිලිකම නිසා නැතිවන්නෝය.ළදරුවන්ට ඔවුන් විසින් සිදු කරන ලද වැරදිවලට දඬුවම් වශයෙන් ඔවුන් මරා දමනු ලබනවා ඇත. අභක්තිකයන්ට මරණ දඬුවම ලැබෙනු ඇත. නුමුත් මට ඇහුම්කන්දෙන තැනැත්තේ සුවසේ වාසයකොට, විපතට භයනොවී, නිශ්චලව සිටින්නේය,

58වන පරිච්ඡේදය

ගැළවීමේ පූර්වගාමියා යටත් වීම

එබැවින්, අකීකරු අය කෙරෙහි ප්‍රඥව විසින් ප්‍රකාශ කරන ලද අනතුරු ඇඟවීම්වලින් අපි පලා යමු. අප උන් වහන්සේගේ තේජසේ උසස්ම මහිමාන්විත වූ නාමය කෙරෙහි විශ්වාසයෙන් යුතුව සිටින පිණිස උන් වහන්සේගේ සියලු ශුද්ධකමේ සහ මහිමාන්විත නාමයට යටත්ව කැපවෙමු. අපගේ උපදෙස් පිළිගන්න, එවිට ඔබ පසුතැවිලි නොවී සිටිනු ඇත. මක්නිසාද දෙවියන් වහන්සේ ජීවමාන නිසාත්, ස්වාමින් වන යේසුස් ක්‍රිස්තුස් වහන්සේ හා ශුද්ධාත්මයාණන් වහන්සේ ජීවමාන නිසාත් _ තෝරාගත් අයගේ ඇදහිල්ල හා බලාපොරොත්තුව යන දෙකම, නිහතමානී මනසින් යුක්තව, ක්ෂණික මෘදුකමින් යුක්තව හා පසුතැවිල්ලකින් තොරව සිටින තැනැත්තාදෙවියන් වහන්සේ විසින් දෙන ලද අණපනත් සහ නියෝග පිළිපැද සිටින තැනැත්තාය. _ ඒ අයට යේසුස් ක්‍රිස්තුස් වහන්සේ කරණකොටගෙන ගැළවීම ලබන අයගේ සංඛ්‍යාවෙහි සමාන ස්ථානයක් හා නාමයක් ලැබෙනු ඇත. උන් වහන්සේ කරණකොටගෙන දෙවියන් වහන්සේට සදකාලයෙන් සදකාලයටම මහිමය වේවා. ආමෙන්.

59වන පරිච්ඡේදය

අකීකරුකමට එරෙහිව අනතුරු ඇඟවීම. යාච්ඤාව

කෙසේ වෙතත්, අප තුළින් උන් වහන්සේ පැවසූ වචනවලට යමෙකු අකීකරු වන්නේ නම්, ඔවුන් අපරාධවලට හා බරපතළ අනතුරකට සම්බන්ධ වන බව ඔවුන්ට දැනගැනීමට ඉඩ හරින්න. එහෙත් මෙම පාපය සම්බන්ධයෙන් අපි නිර්දෝෂී වන්නෙමු. එසේම ක්ෂණික යාච්ඤාව සහ කන්නලව්ව කරණකොටගෙන සියලු දෙනාගේ මැවුම්කරුවාණන් වහන්සේ විසින් උන් වහන්සේගේ ප්‍රේමණීය පුත්‍ර වූ යේසුස් ක්‍රිස්තුස් වහන්සේ තුළින් මුළු ලෝකයේමසිටින තෝරාගනු ලැබූ තැනැත්තන් සියලු දෙනාම නොකඩව ආරක්ෂා කරනු ලැබීමට ආශා කරමු. උන් වහන්සේ තුළින් දෙවියන් වහන්සේ විසින් අප අන්ධකාරයෙන් ආලෝකයට පමුණුවනු ලැබ ඇත. උන් වහන්සේගේ නාමයේ මහිමය උදෙසා නොදැනුවත්කමේ සිට දැනගැන්ම කරා පමුණුවා ඇත. සැම ජීවියෙකුගේම මූලික අරමුණ වන ඔබ වහන්සේගේ නාමය කෙරෙහි අපගේ බලාපොරොත්තුව රැඳී තිබේ. ඔබ වහන්සේ පිළිබඳ දැනගැන්මට අපගේ හදවත නමැති දෑස් විවර කර ඇත. උන් වහන්සේ පමණක්ම *"උසස් අය අතර උසස්ව සිටින සේක." ශුද්ධ අය අතර ශුද්ධව සිටින සේක.* යෙසායා 57:15. උන් වහන්සේ*"උඩඟු අයගේ අහංකාරය පහතට හෙළන සේක." යෙසායා 13:11. "විජාතීන්ගේ ගණන් කිරීම් විනාශ කරන සේක."*උන් වහන්සේ *"පහළින් සිටින අය උස් ස්ථානය තබන සේක. පහත් අය උසස් කරන සේක." "උන් වහන්සේධනවත් කරන සේක. උන් වහන්සේ දුප්පතුන් බවට පත් කරන සේක."* 1සාමුවෙල් 2:7. උන් වහන්සේ *"මරණයට පත් කරන සේක. ජීවත්වීමට සලස්වන සේක."*ද්විතීය කථාව 32:39. උන් වහන්සේ ආත්මවල එකම උපකාරකයාණන් සහ මාංසමය සියල්ලන්ගේ දෙවියන් වහන්සේ වන සේක.උන් වහන්සේ සියල්ල ගැඹුරින් දකින, මිනිස් ක්‍රියාවල සාක්ෂිකරුවාණන් වහන්සේ වන සේක. අනතුරේ සිටින්නන් හට උපකාර කරන සේක. බලාපොරොත්තු සුන් වූ අයගේ ගැළවුම්කරුවාණන් වහන්සේ වන සේක. සැම ආත්මයකම මැවුම්කරුවාණන් සහ භාරකරුවාණන් වන සේක. පොළොවෙහි ජාතීන් වැඩි කරන තැනැත්තන් වහන්සේ වන සේක. ඒ සියල්ලන්ගෙන් ඔබ වහන්සේගේ ආදරණීය පුත්‍රයාණන් වන යේසුස් ක්‍රිස්තුස් වහන්සේ තුළින් ඔබ වහන්සේට ප්‍රේම කරන පිණිස සියලු දෙනා තෝරාගත් සේක. උන් වහන්සේ තුළින්ඔබ වහන්සේ අපට උපදෙස් දුන් සේක. අප විශුද්ධ කළ සේක. අපට ගෞරවය දුන් සේක.ස්වාමිනි, ඔබ වහන්සේ අපගේ උපකාරය සහ බලාපොරොත්තුව වීම පිළිබඳ අපි කැමැති වෙමු. පීඩාවට පත්ව සිටින අපි ගැළවෙන්නෙමු. පහත් අය කෙරෙහි අනුකම්පා කරමු. වැටුණු අය

නැගී සිටිති. අවශ්‍යතා ඇති අය නැගිටිනු ඇත.රෝගී වූ අය සුවය ලබති. ඔබ වහන්සේගේ සෙනඟගෙන් ඉවත්ව හැරී ගිය අය නැවත හැරී එති. කුසගිනි වූවන් තෘප්තියට පමුණුවති. බැඳුම්වල සිටින අප මුදා ගනු ලබති. දුර්වල අය නැගිටුවනු ලබති. ක්ලාන්ත සිත් ඇති අය සනසවනු ලබති. ඔබ වහන්සේ පමණක් දෙවියන් වහන්සේ බවත්, යේසුස් ක්‍රිස්තුස් වහන්සේ ඔබ වහන්සේගේ පුත්‍රයා බවත්, අප ඔබ වහන්සේගේ සෙනඟ හා ඔබ වහන්සේගේ තණබිම්වල බැටළුවන් බවත් සියලු ජාතීන් දැනගනිත්වා.

60වන පරිච්ඡේදය

යාච්ඤාව තව දුරටත්

ඔබ වහන්සේගේ හස්තයේ ක්‍රියාවලින් ඔබ වහන්සේ කල් පවත්නා ලෝකය නිමැවූ සේක. ස්වාමින් වහන්ස, ඔබ වහන්සේ අප වාසය කරන පොළොව මැවූ සේක. ඔබ වහන්සේ සියලු පරම්පරාවලම විශ්වාසවන්තව සිටින සේක, සාධාරණ ලෙස විනිශ්චය කරන සේක, ශක්තියෙන් හා මහිමයෙන් අපූර්ව වන සේක. ප්‍රඥාවෙන් යුක්තව මැවීම සහ සාදන ලද දේවල් අවබෝධයෙන් යුතුව සිදු කළ සේක. ඔබ වහන්සේ කෙරෙහි විශ්වාසය තබන්නන් වන ගැළවීම ලත් සහ විශ්වසනීය අයට ඔබ වහන්සේ යහපත්ය. කරුණාවන්ත සහ දයානුකම්පිත දෙවියන් වහන්ස, අපගේ අයුතුකම් සහ වැරදි, පාපවලට අපට සමාව දුන මැනවි. ඔබේ සේවකයන්ගේ හා ඔබගේ අත්වල කර්මාන්ත වන අපගේ සෑම පාපයක්ම ගණන් නොගත මැනව. එහෙත් ඔබ වහන්සේගේ සත්‍යයේ පවිත්‍රණයෙන් ඔබ වහන්සේ අප පවිත්‍ර කරනු ඇත. තවද, අපගේ හදවත් ශුද්ධකමින් යුක්තව ගමන් කරන පිණිසත්, ඔබ වහන්සේගේ ඇස් ඉදිරිපිටත් අපගේ පාලකයන් ඉදිරියෙහිත් යහපත් හා ප්‍රසන්න දේ කිරීමටත් අපගේ පියවර යොමු කළ මැනවි. එසේය, ස්වාමින් වහන්ස, ඔබ වහන්සේගේ මුහුණ යහපතින් සහ සාමයෙන් යුක්තව අප කෙරෙහි බැබළෙව්ව මැනව. එවිට ඔබ වහන්සේ බලවත් හස්තයෙන් අප ආරක්ෂා වී ඔබ වහන්සේගේ උසස් කරන ලද හස්තයෙන් අප සෑම පාපයකින්ම ගැළවෙනු ඇත. එසේම වැරදි ලෙස අපට වෛර කරන්නන්ගෙන් අප ගලවාගත මැනවි. ඔබ වහන්සේට යටත්ව, අපගේ පියවරුන් ඇදහිල්ලෙන් හා සත්‍යයෙන් ඔබ වහන්සේට හඬගැසූ අවස්ථාවේදී අපගේ පියවරුන් හට ලබා දුන්නා සේම, ඔබ වහන්සේගේ සර්වබලධාරී හා උත්කෘෂ්ඨ වූ නාමයට අප යටත් වන කල සමාදානය සහ එක්සත්කම අපට සහ පොළොවෙහි වාසය කරන සියල්ලන් හටලබා දුන මැනවි.

61වන පරිච්ඡේදය

යාච්ඤාව තවදුරටත් _ පාලකයන් සහ ආණ්ඩුකාරවරුන් උදෙසා; අවසානය

පොළොවේ සිටින අපගේ පාලකයන්ට සහ ආණ්ඩුකාරවරුන් හට _ ස්වාමින් වහන්ස,ඔබ වහන්සේ ඔවුන්ට ඔබ වහන්සේගේ තේජවන්ත සහ නොවරදින ශක්තිය කරණකොටගෙන රාජ්‍ය බලයලබා දුන් සේක. එසේ කළේ ගෞරවය සහ මහිමය ඔවුන් හට ලබා දුන්නේ ඔබ වහන්සේ බව අවසානය වන තුරු අප දැනගන්නා පිණිසත් ඒ අනුව ඔබ වහන්සේගේ කැමැත්තට විරුද්ධ නොවී ඔවුන්ට යටත් වන පිණිසත්ය. ස්වාමින් වහන්ස,ඔවුන්ට ලබා දී ඇති අධිකාරිය වරදකින් තොරව ක්‍රියාත්මක කරන පිණිස සෞඛ්‍ය සම්පන්න බව, සමාදානය, ඒකඟතාව, ස්ථාවරත්වය ඔවුන් හට ලබා දුන මැනවි. ස්වර්ගීය ස්වාමින් වහන්සේ හා සදාකාල රජතුමා වන ඔබ වහන්සේට, ලෝකයේ ඇත්තා වූ දේවල් සම්බන්ධයෙන් මනුෂය පුත්‍රයෝ ගෞරවය, මහිමය සහ බලය දෙති. එම නිසා ස්වාමින් වහන්ස, ඔබ වහන්සේගේ ඇස් ඉදිරියෙහි යහපත් හා ප්‍රසන්න දෑ සිදු කරන පිණිස ඔවුන්ට උපදෙස් යොමු කළ මැනව. එවිට සාමයෙන් හා නිහතමානීව භක්තියෙන් යුක්තව ඔබ වහන්සේ විසින් ඔවුන්ට ලබා දී ඇති බලය ක්‍රියාත්මක කරනු ඇත. එසේ ඔබ වහන්සේ යහපත් බව ඔවුන් දැනගනු ඇත. මේ දේවල් සිදු කිරීමට බලය ඇත්තේත් අපට වඩාත්ම යහපතක් සිදු කිරීමට බලය ඇත්තේත් ඔබ වහන්සේට පමණි. අපි අපගේ ආත්මවල උත්තම පූජකයා සහ භාරකරුවාණන් වන යේසුස් ක්‍රිස්තුස් වහන්සේ කරණකොටගෙන ඔබ වහන්සේට ප්‍රශංසා කරන්නෙමු. උන් වහන්සේ තුළින් ඔබ වහන්සේට දැන් සහ මතු පරම්පරාවෙන් පරම්පරාවටත්, සදාකාලයෙන් සදාකාලයටම මහිමයත් ගෞරවයත් වේවා. ආමෙන්.

62වන පරිච්ඡේදය

සාරාංශය සහ නිගමනය _ දේවභක්තිය පිළිබඳව

පුරුෂයෙනි, සහෝදරවරුනි, දේවභක්තික සහ ධර්මිෂ්ඨ ජීවිතයක් ගත කිරීමට කැමති සහ එසේ කරන අය උදෙසා අපගේ දේවභක්තික ජීවිතයට වඩාත් ප්‍රයෝජනවත් වන අපගේ ආගමික වතාවත් ඉටු කිරීම සම්බන්ධ කාරණා දීර්ඝ වශයෙන් අපි ඔබට ලියා ඇත්තෙමු. ඇදහිල්ල, පසුතැවිලි වීම, සැබෑ ප්‍රේමය, ඒකත්වය, සන්සුන්කම සහ

ඉවසීම යන කරුණු සම්බන්ධයෙන්, අපි සෑම ඡේදයකදීම කථා කළෙමු. එසේ කළේ ඔබ සියලු දෙනා සිහියේ තබාගෙන ඔබ ධර්මිෂ්ඨකමින් සහ සත්‍යතාවයෙන් යුක්තවත්, විඳ දරාගැනීමෙන් ශුද්ධවන්ත ලෙස මහෝත්තම දෙවියන් වහන්සේට ඉතාම ප්‍රසන්න ලෙසත්, එක මනසින් යුක්තව, නපුර මතක තබා නොගැනීමෙන් ක්ෂණික මෘදුකමෙන් යුක්තව, ප්‍රේමය සහ සමාදානයෙන් යුතුව පැවතීම නිසා ඉහතින් සඳහන් කරන ලද අපගේ පියවරු පවා පියාණන් වහන්සේ සහ දෙවියන් වහන්සේ සහ සියලු මනුෂ්‍ය වර්ගයාගේ නිර්මාතෘවරයාණන් වහන්සේ වෙත වූ ඔවුන්ගේ නිහතමානිකමේ සිතිවිලි හේතුවෙන් කරුණාව ලබා ගත්හ. මේ කාරණා නිසා අප ඔබ වඩාත් සතුටින් සිහි කරන්නෙමු. අප මේ දේවල් ලියන්නේ විශ්වාසවන්ත හා ඉහළම කීර්තියක් ඇති මනුෂ්‍යයින්ට බවත්, දෙවියන් වහන්සේගේ හඬට සහ උපදෙස්වලට කීකරු වූ මනුෂ්‍යයන්ට බවත්අපි සියලු දෙනාට ඉතා හොඳින් ප්‍රත්‍යක්ෂ වී ඇත.

63වන පරිච්ඡේදය

ධෛර්ය දීම. විශේෂ පණිවිඩකරුවන් විසින් එවන ලද ලිපිය

එබැවින්, ඉතා යහපත් මෙන්ම බොහෝ ගණනක් වූ උදහරණ වෙත පිවිසීම නිවැරදිය. එසේම පාලකයන්ට අවනත වීම සහ කීකරුකමේ කොටස ඉටු කිරීම යහපත් වේ. මක්නිසාද යත්, ඒ මගින් නිෂ්ඵල බෙදීම් ඇති කරන දේවලින් බාධාවට පත් නොවී අප ඉදිරියේ තබා ඇති ඉලක්කය වෙත සත්‍යයෙන් සහ සම්පූර්ණයෙන්ම නිර්දෝෂීභාවයෙන් යුක්තව ළඟා වීමට හැකි වනු ඇත. අප විසින් ලියන ලද වචනවලට ඔබ කීකරු වන්නහු නම් සහ මෙම ලිපියේ සාමය හා එකමුතුකම සඳහා අප විසින් කරන ලද මැදිහත්වීමට අනුව ශුද්ධාත්මයාණන් වහන්සේ කරුණාකොටගෙන ඔබගේ අනෛතික ඊර්ෂ්‍යාව නිසා වන උදහස සහමුලින්ම මුලිනුපුටා දමන්නහු නම්, ප්‍රීතිය හා සන්තෝෂය ඔබ අපට ලබා දෙනු ඇත. අපි විශ්වාසවන්ත හා නුවණැති මිනිසුන් යවා ඇත්තෙමු. ඔවුන්ගේ කතාබහ තරුණ වියේ සිට මහලු විය දක්වාම අප අතර නිර්දෝෂී විය. ඔවුහුම ඔබ සහ අප අතර සාක්ෂිකරුවෝ වෙති. අප විසින් මෙය සිදු කර ඇත්තේ, අපගේ මුළු සැලකිල්ලම යොමු වී තිබුණේ සහ යොමු වී ඇත්තේ ඔබ සියලු දෙනාම වේගයෙන් සමාදානය වෙත ළඟාවීම කෙරෙහි බව ඔබ දැනගන්නා පිණිසය.

64වන පරිච්ඡේදය

දෙවියන් වහන්සේට හඬගසන සියලු දෙනාට ආශිර්වාද හිමි වේ

සැම දෙයක්ම දකින සහ සියලු ආත්මයන්ගේ පාලකයා වන දෙවියන් වහන්සේ සහ සියලු මාංසයේ ස්වාමීන් වහන්සේ වන - අපගේ ස්වාමින් වන යේසුස් ක්‍රිස්තුස් වහන්සේ තෝරා ගනු ලැබූ සහ උන් වහන්සේ කරණකොටගෙන අප ශුද්ධ ජාතියක් වීමට තෝරා ගනු ලැබූ දෙවියන් වහන්සේ, තීතස් 2:14 උන් වහන්සේගේ මහිමාන්විත හා ශුද්ධ වූ නාමයට හඬ ගසන සියලු දෙනාට උන් වහන්සේගේ නාමය ප්‍රසන්න කිරීම සඳහා, අපගේ උත්තම පූජකයාණන් සහ ආරක්ෂකයාණන් වන යේසුස් ක්‍රිස්තුස් වහන්සේ තුළින් ඇදහිල්ල, ගරුබිය, සමාදනය, ඉවසිල්ල, විඳ දරාගැනීම, ආත්ම දමනය, නිර්මලකම සහ සන්සුන්භාවය ලබා දෙන සේක්වා. උන් වහන්සේ කරණකොටගෙන දෙවියන් වහන්සේට මහිමය, තේජස, බලය සහ ගෞරවය,දැන් සහසදකාලයටම වේවා. ආමෙන්.

65වන පරිච්ඡේදය

සාමය නැවත ස්ථාපිත වී ඇති බවට පණිවිඩය නැවත එවීමට කොරින්තිවරුන්ට ඉක්මනින් ධෛර්ය දෙනු ලැබීම; ආශීර්වාද කිරීම

අප කෙරෙන් ඔබ වෙත පැමිණි අපගේ දූතයන් වන ක්ලෝඩියස්, එෆීබස් සහ වැලරියස් බිටෝ සමගින්ෆෝචූනාටස් යන අය සාමයෙන් හා ප්‍රීතියෙන් යුක්තව නැවතත් ඉක්මනින් අප වෙත එවන්න. මක්නිසාද යත්, [ඔබ අතර] අපි ඉතා ඕනෑකමින් හා ආශාවෙන් බලා සිටියාවූ සාමය හා සමාදනය ඔවුන් විසින්ඉක්මනින් අපට ප්‍රකාශ කරනු ලබන පිණිසත්, ඔබ අතර නැවත ස්ථාපිත වී ඇති යහපත් පිළිවෙළ ගැන අපි ඉක්මනින් ප්‍රීති වන පිණිසත්ය. අපගේ ස්වාමින් වන යේසුස් ක්‍රිස්තුස් වහන්සේගේ කරුණාව ඔබ සමඟ වේවා. එසේම උන් වහන්සේ කරණකොටගෙන දෙවියන් වහන්සේ විසින් කැඳවනු ලැබූ සැම තැනකම සිටින සියලු දෙනා කෙරෙහි වේවා. උන් වහන්සේ කරණකොටගෙන දෙවියන්වහන්සේට මහිමය, ගෞරවය, බලය, තේජස සහ සදකාලික ආධිපත්‍යය සදකාලයෙන් සදකාලයටම වේවා. ආමෙන්.

දෙවන ක්ලෙමන්ට්

1වන පරිච්ඡේදය

අපි ක්‍රිස්තුස් වහන්සේ පිළිබඳව උසස් ලෙස සිතිය යුතු වෙමු

සහෝදරයෙනි, අපි දෙවියන් වහන්සේ පිළිබඳව සිතන ආකාරයටම, ජීවත් වන්නන් සහ මළවුන්ගේ විනිශ්චයකරුවාණන් වහන්සේ ලෙසට යේසුස් ක්‍රිස්තුස් වහන්සේ පිළිබඳවද සිතිය යුතු වෙමු. අපගේ ගැළවීම වන තැනැන් වහන්සේ අප විසින් සුළු කොට නොසැලකිය යුතුය. මන්ද අප උන් වහන්සේ සුළු කොට සලකන කල, අප [උන් වහන්සේගෙන්] ලබා ගැනීමට බලාපොරොත්තු වන්නේද සුළු වශයෙන් වන බැවිනි. මේවා නොවැදගත් කාරණායයි සිතාගෙන, ඒවා අසන අය වන අප, අප කැඳවනු ලැබ ඇත්තේ කොහෙන්ද, කවුරුන් විසින්ද සහ කුමන ස්ථානයකටද යන්නත්, එමෙන්ම යේසුස් ක්‍රිස්තුස් වහන්සේ අප වෙනුවෙන් කෙතරම් දුක් වින්ද සේක්ද යන්නත් තේරුම් ගැනීමට අප අසමත් වන කල අප සිදු කරන්නේ පාපයකි. එසේ නම් අප උන් වහන්සේට කුමන දෙයක් නැවත දිය යුතුද, නැතිනම්, උන් වහන්සේ අප වෙනුවෙන් ලබා දුන් දේ උදෙසා වටිනා ඵලය වන්නේ කුමක්ද? ඇත්ත වශයෙන්ම අපි උන් වහන්සේට කෙතරම් ප්‍රමාණයක ණයගැතිව සිටිමුද! උන් වහන්සේ අපට දයාවන්තව ආලෝකය ලබා දුන් සේක. පියෙකු ලෙස උන් වහන්සේ අපට පුත්‍රයන් කියා අමතා ඇත්තේය. අප විනාශ වීමට සූදානම්ව සිටින කල උන් වහන්සේ අප ගැළෙවූ සේක. එසේ නම් කුමන ප්‍රශංසාවක් අප උන් වහන්සේට ලබා දිය යුතුද? නැතිනම් අපට ලැබුණු දේ උදෙසා අප කුමන දෙයක් නැවත ලබා දිය යුතුද? අපගේ නොදැනුවත්කම නිසා අපි මනුෂ්‍යයින්ගේ අත්වලින් සාදන ලද දේවල් වන ගල්වලට සහ ලීවලටත්, රන් සහ රිදී සහ පිත්තලවලටත් නමස්කාර කළෙමුව. ඇත්තෙන්ම, අපගේ සමස්ත ජීවිතයම මරණය මිස අන් කිසිවක් නොවීය. එම නිසා, අප තවදුරටත් අන්ධභාවයේ සිටි අතර, එවන් වූ අන්ධකාරයක් අපගේ ඇස් ඉදිරියෙහි වූ කල, අප වෙලාගෙන තිබූ වලාකුළ උන් වහන්සේගේ කැමැත්ත කරණකොටගෙන ඉවත් කරන ලදුව, අපි අපගේ පෙනීම ලබාගතිමුව. අප පැටලී සිටි බොහෝ වැරදි මෙන්ම අප නිරාවරණය වී තිබූ විනාශය නිරීක්ෂණය කරමින් උන් වහන්සේ අප කෙරෙහි කරුණාව දැක්වූ අතර, දයාවෙන් අප ගැළෙවූසේක. එසේම උන් වහන්සේගෙන් අප වෙත පැමිණි නිසා මිස ගැළවීම පිළිබඳ බලාපොරොත්තුවක් අපට නොතිබුණි. මන්ද, අපට සැබෑ පැවැත්මක් ලබා ගත හැකි වන පිණිස, අප නොසිටි කල සහ අපට කැමැත්තක් නොවූ කල කිසිම දෙයකින් තොරව උන් වහන්සේ අප කැඳෙවූ සේක.

2වන පරිච්ඡේදය

සභාව කලින් වඳව සිට දැන් එල දරයි.

"දරුවන් නොවැදූ වඳ ස්ත්‍රිය, ප්‍රීති වන්න. විළිරුජාව නොවිඳි තැනැත්තිය, ප්‍රීතියෙන් හඬ නගන්න. මන්ද ස්වාමි පුරුෂයා ඇති තැනැත්තියට වඩා අත්හරිනු ලැබූ තැනැත්තියට දරුවෝ බොහෝය." *"දරුවන් නොවැදූ වඳ ස්ත්‍රිය, ප්‍රීති වන්න,"* යයි උන් වහන්සේ පැවසූ විට උන් වහන්සේ එය අප සම්බන්ධයෙන් පවසා ඇත. මක්නිසාද යත් අපගේ සභාව ඇයට දරුවන් ලබා දීමට පෙර වඳ සභාවක් වූවාය. එහෙත්, *"විළිරුජාව නොවිඳි තැනැත්තිය ප්‍රීතියෙන් හඬ නගන්න"* යයි උන් වහන්සේ පැවසූ කල, උන් වහන්සේ ඉන් අදහස් කළේ මෙයයි. එනම් අප අපගේ යාච්ඤා අවංක ලෙස දෙවියන් වහන්සේ වෙත ඔප්පු කළ යුතු බවත්, එසේම විළිරුජාවෙන් පසු වන කාන්තාවන් මෙන් අප දුර්වලතාවයේ සලකුණු නොපෙන්විය යුතු බවත්ය. එසේම, *"ස්වාමි පුරුෂයා ඇති තැනැත්තියට වඩා අත්හරිනු ලැබූ තැනැත්තියට දරුවෝ බොහෝය,"* යනුවෙන් උන් වහන්සේ එහි පවසන්නේ [උන් වහන්සේ අදහස් කරන්නේ] අපගේ ජනතාව දෙවියන් වහන්සේ විසින් අත්හරිනු ලැබ ඇති බවත් දැන් අප විශ්වාස කළ නිසා, දෙවියන් වහන්සේ සන්තකයේ සිටින බවට ගණන් බලා ඇති අයට වඩා අප දැන් ගණනින් වැඩි බවට පත් වී ඇති බවත්ය. එසේම තවත් ශුද්ධ ලියවිල්ලක මෙසේ පවසයි: *"මා ආවේ පව්කරුවන් මිස ධර්මිෂ්ඨයින් කැඳවීමට නොවේය."* මෙහිදී අදහස් කරන්නේ විනාශ වෙමින් සිටින අය ගළවනු ලැබීම අවශ්‍ය බවයි. මන්ද සිටගෙන සිටින්නන් නොව වැටී යන්නන්ට උපකාර කිරීම මහත් දෙයක් මෙන්ම පුදුමාකාර දෙයක්ද වන බැවිනි. එම නිසා ක්‍රිස්තුස් වහන්සේද විනාශ වන දේ ගැළවීමට කැමති වූ සේක. මතෙව් 18:11 එසේම උන් වහන්සේ පැමිණ, දැනටමත් විනාශ වෙමින් සිටි අප කැඳවා අපට ගැළවීම ලබා දුන් සේක.

3වන පරිච්ඡේදය

ක්‍රිස්තුස් වහන්සේ ප්‍රකාශ කිරීමේ වගකීම.

එතැන් පටන් උන් වහන්සේ අප කෙරෙහි මහත් කරුණාවක් පෙන්වා ඇති අතර විශේෂයෙන් මේ සම්බන්ධයෙන්, ජීවත් වන්නාවූ අප මැරුණු දෙවිවරුන්ට පූජා නොපැවැත් විය යුතු අතර ඒවාට නමස්කාරද නොකළ යුතුය. එහෙත් උන් වහන්සේ තුළින් අප සැබෑ

පියාණන් වහන්සේ දැනගැනීමට ළඟාවිය යුතු අතර, මෙම දැනගැන්ම ලබාගැනීමට උපකාරී වූ උන්වහන්සේ ප්‍රතික්ෂේප නොකර අප සැබවින්ම උන්වහන්සේ හඳුනන බව පෙන්විය යුත්තේ කෙසේද? මක්නිසාද යත් උන් වහන්සේම මෙසේ පවසන සේක: *"මනුෂ්‍යයින් ඉදිරියේදී මා පිළිගන්නා කවරෙක් නමුත්, පියාණන් වහන්සේ ඉදිරියේදී මම ඔහු පිළිගන්නෙමි."* මතෙව් 10:32 එසේ නම් අප ගැළවීම ලබා ඇත්තේ කුමන තැනැන් වහන්සේ තුළින්ද, අපි උන් වහන්සේ ප්‍රකාශ කරන්නෙමු නම්, එය අපගේ විපාකය වන්නේය. එහෙත් අප උන් වහන්සේ ප්‍රකාශ කරන්නේ කුමන ආකාරයෙන්ද? උන් වහන්සේ පවසන දේ කිරීමෙන්, උන් වහන්සේගේ ආඥා කඩ නොකරමින්, අපගේ තොල්වලින් පමණක් නොව, අපගේ මුළු හදවතින් සහ අපගේ මුළු මනසින් උන් වහන්සේට ගෞරව කිරීමෙන්ය. මතෙව් 22:37 මක්නිසාද යත් උන් වහන්සේ යෙසායා පොතේ මෙසේ පවසන සේක: *"මේ සෙනඟ ඔවුන්ගේ තොල්වලින් මට ගෞරව කරති. එහෙත් ඔවුන්ගේ හදවත මගෙන් බොහෝ දුරස්ය."* යෙසායා 29:13

4වන පරිච්ඡේදය

සැබෑ ලෙස ක්‍රිස්තුස් වහන්සේ ප්‍රකාශ කිරීම.

එම නිසා අපි, හුදෙක් උන් වහන්සේට ස්වාමින් වහන්සේ යයි කතා නොකරමු. ක්නිසාද යත් එය අප ගළවා ගන්නේ නැත. උන් වහන්සේ මෙසේ පවසන සේක: *"මට ස්වාමිනි, ස්වාමිනි, කියන සියල්ලෝ ගලවනු නොලබන්නෝය, එහෙත් ධර්මිෂ්ඨ ලෙස ක්‍රියා කරන අයම ගළවනු ලබන්නෝය."* එමනිසා, සහෝදරයෙනි, එකිනෙකාට ප්‍රේම කිරීමෙන්, කාමමිථ්‍යාචාරය නොකිරීමෙන්, අන් අයට විරුද්ධව බොරු නොකීමෙන්, ඊර්ෂ්‍යා නොකර සිටීමෙන් යන අපගේ ක්‍රියාවලින් අපි උන් වහන්සේ ප්‍රකාශ කරමු. අපි ස්වයං පාලනයෙන් යුතුව, දයානුකම්පාවෙන් යුක්තව සහ කරුණාවන්තව ක්‍රියා කරමු. එසේම අපි එකිනෙකා කෙරෙහි දයානුකම්පාවෙන් යුක්තව, මසුරු නොවී සිටිමු. ප්‍රතිවිරුද්ධ වූ ක්‍රියාවලින් නොව, ඉහත ආකාරයේ ක්‍රියාවලින් අපි උන් වහන්සේ ප්‍රකාශ කර සිටිමු. තවද අප මිනිසුන්ට බිය වීම සුදුසු නැත, එහෙත් අපි දෙවියන් වහන්සේට බිය විය යුතු වෙමු. මේ හේතුව නිසා, අප එවැනි [දුෂ්ට] දේවල් කළහොත්, ස්වාමින් වහන්සේ මෙසේ පැවසූ සේක: *"ඔබ මාගේ ළයෙහි මා වෙතට රැස්ව සිටියත්, ඔබ මාගේ ආඥා පැවැත්වූයේ නැති නම්, මම ඔබ අත්හැර දමා ඔබට මෙසේ කියමි. මා වෙතින් ඉවත් වන්න; අධර්මිෂ්ඨකම් කරන්නෙනි, ඔබ කොහේ සිට පැමිණියාදැයි මම දනිමි."*

5වන පරිච්ඡේදය

මෙම ලෝකය හෙළා දකිනු ලැබිය යුතුය

එබැවින් සහෝදරයෙනි, මේ වර්තමාන ලෝකයේ අපගේ තාවකාලික පදිංචිය [කැමැත්තෙන්] අත්හැර දමා, අප කැඳෙවූ තැනැන් වහන්සේගේ කැමැත්ත ඉටු කරමු. එසේම අපි මේ ලෝකයෙන් වෙන් වීමට බිය නොවෙමු. මන්ද ස්වාමින් වහන්සේ මෙසේ පවසන සේක. *"ඔබ වෘකයන් මැද සිටින බැටළුවන් හා සමාන වන්නෙහුය."* මතෙව් 10:16 එහෙත් පේදුරු උන් වහන්සේට කතා කොට මෙසේ පිළිතුරු දුන්නේය: *"වෘකයන් බැටළුවන් කැබලිවලට ඉරනු ලැබුවහොත් ඒ පිළිබඳ කුමක් කියන්නෙහිද?"* යේසුස් වහන්සේ පේදුරුට මෙසේ කී සේක: *"බැටළුවන් මැරුණු පසුව, තව දුරටත් වෘකයින්ට බිය වන්නට උන්ට හේතුවක් ඇත්තේ නැත. ඒ හා සමාන ලෙසම, ඔබ මරන්නට හැකි වූවත්, ඔබට වෙනත් කිසිම දෙයක් කරන්නට නොහැකි ඔවුන්ට බිය නොවන්න. එහෙත් ඔබ මිය යාමෙන් පසුව ඔබගේ ප්‍රාණය සහ ශරීරය නිරයේ ගිනි දැල්වලට හෙළන්නට හැකි තැනැන් වහන්සේට බිය වන්න."* තවදුරටත් සහෝදරයෙනි, අපගේ මාංසයෙන් මේ ලෝකයේ තාවකාලික පදිංචිය කෙටි සහ අස්ථිර බව ඔබ සලකන්න. එහෙත් ක්‍රිස්තුස් වහන්සේගේ පොරොන්දුව මෙන්ම පැමිණෙන්නට තිබෙන්නාවූ දේවරාජ්‍යය සහ සදාකාල ජීවනය අතිමහත් සහ පුදුමාකාර වේ. එසේ නම් ශුද්ධ සහ ධර්මිෂ්ඨ ජීවිතයක් ගත කිරීමෙන්, සහ මේ ලෝකයේ දේවල් අපට අයත් නොවන බව සැලකීමෙන් සහ ඒවා කෙරෙහි ආශා නොවී සිටීමෙන් මිස මේ දේවල් අත්පත් කරගැනීම උදෙසා අප කළ යුත්තේ කුමක්ද? මක්නිසාද යත් අප මේ දේවල් අත්පත් කරගැනීමට ආශා වන විට, අප ධර්මිෂ්ඨකමේ මාර්ගයෙන් වැටී යන නිසාය.

6වන පරිච්ඡේදය

වර්තමාන සහ අනාගත ලෝකඑකිනෙකාට සතුරෝ වෙති.

දැන් ස්වාමින් වහන්සේ මෙසේ පවසන සේක: *"ස්වාමිවරුන් දෙදෙනෙකුට සේවය කරන්නට කිසිම සේවකයෙකුට නුපුළුවන. එම නිසා අප දෙවියන් වහන්සේට සහ මුදල් යන දෙකටම සේවය කිරීමට ආශා කළහොත්, එය අපට ප්‍රයෝජන රහිත වේ. එහෙත් යමෙක් මුළු ලෝකයම ලබා ගත්තත් ඔහුට තමාගේ ජීවිතය නැති වුවහොත් කුමන ප්‍රයෝජනයක්ද?"* මේ ලෝකය සහ පැමිණෙන්නට තිබෙන

ලෝකය යනු සතුරන් දෙදෙනෙකි. මේ ලෝකය කාමමිථ්‍යාචාරය සහ දූෂිත බව සහ කෑදරකම සහ රැවටිලිකාරකම පිළිබඳ ආශා කරයි. එහෙත් පැමිණෙන්නට ඇති ලෝකය ඒ කාරණා අත්හරියි. එම නිසා මේ දෙකම හා සමග මිත්‍ර වීමට අපට නොහැකිය. අප ඒ ලෝකය අත්දැකීම උදෙසා මේ ලෝකය අත්හැරීම අපට සුදුසු වේ. මේ ලෝකයේ ඇති දේවල් නොවැදගත්, තාවකාලික සහ විනාශ වන දේවල් වන නිසා ඒ දේවලට වෛර කිරීම යහපත් බවත්, අනෙක් ලෝකයේ ඇති දේවලට[පැමිණෙන්නට ඇති දේවලට], ඒවා යහපත් සහ විනාශ නොවන දේවල් නිසා ඒවාට ප්‍රේම කිරීම යහපත් බවත් අපි සිතමු. මක්නිසාද යත් අපි ක්‍රිස්තුස් වහන්සේගේ කැමැත්ත ඉටු කරන්නෙමු නම්, අපට විවේකය ලැබෙනු ඇත. එහෙත් අපි එසේ නොකරන්නෙමු නම්, අපි උන් වහන්සේගේ අණ පනත්වලට අකීකරු වන්නෙමු නම්, එවිට කිසිම දෙයක් සදාකාල විනාශයෙන් අප ගළවන්නේ නැත. එසේම එසකියෙල් පොතේ ශුද්ධ ලියවිල්ල මෙසේද පවසයි: *"නෝවා, දනියෙල් සහ යෝබ් නැගිට පැමිණියත්, ඔවුන් ඔවුන්ගේ දරුවන් වහල්භාවයෙන් ගළවන්නේ නැත."* දැන් මෙවන් වූ ධර්මිෂ්ඨ මනුෂ්‍යයින්ට පවා ඔවුන්ගේම ධර්මිෂ්ඨ ක්‍රියාවල ප්‍රතිඵලයක් ලෙස ඔවුන්ගේ දරුවන් ගළවන්නට නොහැකි නම්, අප අපගේ බෞතීස්මය පවිත්‍රව සහ කැළැල් රහිතව තබා නොගතහොත් දෙවියන් වහන්සේගේ රාජ්‍යයට ඇතුළු වීම උදෙසා අපට ඇති බලාපොරොත්තුව කුමක්ද? නොඑසේ නම් අප වෙත ශුද්ධ සහ ධර්මිෂ්ඨ ක්‍රියා නොතිබේ නම්, අපගේ මැදහත්කරුවාණන් වන්නේ කවරෙක්ද?

7වන පරිච්ඡේදය

කිරුළු පැලඳීම උදෙසා අප වීර්යය කළ යුතුය.

එසේ නම්, මාගේ සහෝදරයෙනි, අපගේ තරගය සමීප බව දැනගෙන [අපගේ තත්වය සම්බන්ධයෙන්] අප මුළු උත්සාහයෙන් යුක්තව තරග වදිමු. බොහෝ දෙනා විනාශ වන විපාකයක් ලැබීම උදෙසා බොහෝ දුර යාත්‍රා කරති. එහෙත් සියලු දෙනාම කිරුළ දිනන්නේ නැත. එහෙත් ඔටුන්න ලබන්නේ මහන්සි වී පුහුණු වූ සහ හොඳින් වීර්යය කළ අය පමණි. එම නිසා අපි සියලු දෙනාම ඔටුන්න ලබන පිණිස වීර්යය කරමු. දිවීම විනාශ නොවන නිසා, අපි සෘජු දිවීමෙහි දුවමු. එසේම අපි බොහෝ දෙනෙක් එයට ඇතුළු වීමට පැමිණ, අපිද ඔටුන්න දිනා ගන්නා පිණිස තරග වදිමු. අප සියලු දෙනාටම ඔටුන්න ලබාගත නොහැකි නම්, අවම වශයෙන් එහි සමීපයට අපි ළඟා වෙමුව. මේ ලෝකයේ විනාශ වන තරගයට වීර්ය කරන

තැනැත්තා අසාධාරණ ලෙස ක්‍රියා කරන බව දුටුවහොත් ඔහු රැගෙන ගොස් කසයෙන් තළා ලයිස්තුවලින් ඉවත් කරන බව අප මතක තබා ගත යුතුය. එසේ නම් ඔබ සිතන්නේ කුමක්ද? විනාශ නොවන දේවලදී, ස්වර්ගීය තරගයෙහිදී වංචා කරන තැනැත්තා හට කුමක් විඳින්නට සිදු වේද? මුද්‍රාව ආරක්ෂා කර නොගත් [නොකැඩී] අය සම්බන්ධයෙන්, [ශුද්ධ ලියවිල්ල] මෙසේ පවසයි: *"ඔවුන්ගේ පණුවා මැරෙන්නේවත්, ඔවුන්ගේ ගින්න නිවෙන්නේවත් නැත. එසේම ඔවුන් සියලුම දෙනාට ප්‍රදර්ශනය කරනු ලබනවා ඇත."* යෙසායා 66:24

8වන පරිච්ඡේදය

අප පොළොවෙහි සිටියදීම පසුතැවිලි වීමේ අවශ්‍යතාව

එසේ නම්, අපි නිර්මාණකරුවාගේ දෑතෙහි මැටි වන බැවින්මේ පොළොවෙහි සිටියදීම පසුතැවිලි වීම ක්‍රියාත්මක කරමු. . මක්නිසාද යත්, කුම්භකරුවා භාජනයක් සාදන විට, එය විකෘති හැඩයක් ගත්තේ නම් හෝ එය ඔහුගේ අතින් කැඩී ගියේ නම්, ඔහු එය නැවතත් සකස් කරයි. එහෙත් ඔහු එය දැනටමත් පෝරණුවට දමා ඇත්තම් ඔහුට කිසි විටෙකත් එය නැවත සකස් කිරීමට නොහැකි වනු ඇත. එම නිසා අප මේ පොළොවෙහි සිටින තාක් කල්, අප මාංසයෙහි සිදු කරන ලද නපුරු ක්‍රියා පිළිබඳව අපගේ මුළු හදවතින්ම අපි පසුතැවිලි වෙමු. එසේ වූ විට අප ස්වාමින් වහන්සේ කරුණාකොටගෙන ගළවනු ලබන පිණිස අපට තවමත් පසුතැවිලි වීමට කාලය ඇති අවස්ථාවේදී පසුතැවිල්ලට පැමිණෙමු. අප මේ ලෝකය අත්හැර ගිය පසුව, අපට තවදුරටත් පාපෝච්චාරණය කිරීමේ හෝ පසුතැවිලි වීමේ හෝ බලය අපට අයිති නොවනු ඇත. එම නිසා, සහෝදරයෙනි, අප පියාණන් වහන්සේගේ කැමැත්ත කිරීමෙන්ද අපගේ මාංසය ශුද්ධව තබාගැනීමෙන්ද ස්වාමින් වහන්සේගේ අණ පනත් පිළිපැදීමෙන්ද අප සදාකාල ජීවනය අත්කරගනු ඇත. මක්නිසාද යත් ස්වාමින් වහන්සේ ශුභාරංචියෙහි මෙසේ පවසන සේක: *"ඔබ කුඩා දෙයක් ආරක්ෂා කරගත්තේ නැතිනම්, ඔබට මහත් දෙයක් ලබා දෙන්නේ කවරෙක්ද? මන්ද මම ඔබට කියමි, කුඩා දෙය පිළිබඳ විශ්වාසවන්ත තැනැත්තා මහත් දේ කෙරෙහිත් විශ්වාසවන්තව සිටින්නේය."* ලූක් 16:10-12 උන් වහන්සේ එයින් අදහස් කරන්නේ මෙයයි: *"ඔබට සදාකාල ජීවනය ලැබෙන පිණිස, මාංසය ශුද්ධව තබාගන්න, එසේම මුද්‍රාව නොකැළැල්ව පවත්වා ගන්න."*

9වන පරිච්ඡේදය

අප මාංසයෙහි සිටියදී විනිශ්චය කරනු ලබනවා ඇත.

තවද මේ මාංසය විනිශ්චයට ලක් වන්නේ නැත කියාත්, එය නැවත නැගිටින්නේ නැත කියාත් ඔබගෙන් කිසිවෙකුත් නොකියන්නට බලාගන්න. ඔබ ගැළවීම ලැබුවේ මේ ශරීරයේ සිටින විට නොවේ නම් කුමන [තත්වයේ] සිටියදීද, ඔබ ඔබගේ පෙනීම ලැබුවේ කුමන තත්වයේ සිටියදීද යන්න සිතා බලන්න. එම නිසා අපි අපගේ මාංසය දෙවියන් වහන්සේගේ මාලිගාව ලෙස රැකගැනීම කළ යුතු වෙමු. මක්නිසාද යත් ඔබ මෙම ශරීරයේ සිටියදී කැඳවනු ලැබූ සේම, ඔබ මේ ශරීරයෙන්ම [විනිශ්චය කරනු ලැබීම උදෙසා] පැමිණෙනු ඇත. ගැළවූ ස්වාමින් වහන්සේ වන ක්‍රිස්තුස් වහන්සේ, උන් වහන්සේ මුලින්ම ආත්මයක් වූයේ නමුත් මාංසවත් වූ සේක් නම් සහ එම තත්වයේදී අප කැඳවනු ලැබූ සේක් නම්, අපි අපගේ විපාකයද මෙම ශරීරය තුළදී ලබමුව. එම නිසා, අප සියලු දෙනාටම දෙවියන් වහන්සේගේ රාජ්‍යයට ඇතුළු වීමට හැකි වන පිණිස අපි එකිනෙකාට ප්‍රේම කරමුව. අපට තවමත් සුවය ලැබීම උදෙසා කාලය තිබියදී, අප සුව කරන දෙවියන් වහන්සේට ප්‍රතිඵලයක් දෙමු. එසේ උන් වහන්සේට දිය යුතු නිසි දේ දෙමු. එය කුමන ආකාරයේ වූවක්ද? උන් වහන්සේ සියල්ලම කලින්ම දන්නා අතර උන් වහන්සේ අපගේ හදවතේ ඇති දෙයද දන්නා බැවින් අවශ්‍ය වන්නේ අවංක වූ හදවතින්ම නැගෙන පසුතැවිලි වීමයි.. .. එම නිසා, උන් වහන්සේ අප උන් වහන්සේගේ පුත්‍රයන් ලෙස පිළිගන්නා පිණිස, අපි මුඛයෙන් පමණක් නොව, හදවතින්ද උන් වහන්සේට ප්‍රශංසාව දෙමු. මක්නිසාද යත් ස්වාමින් වහන්සේ මෙසේ පවසා ඇත්තේය: *මාගේ පියාණන් වහන්සේගේ කැමැත්ත කරන්නා වූ අය මාගේ සහෝදරයෝ වෙති.* මතෙව් 12.50

10වන පරිච්ඡේදය

දුශ්චරිතය අත්හැරිය යුතු අතර සුචරිතය අනුගමනය කළ යුතුය.

එම නිසා, මගේ සහෝදරයෙනි, අප ජීවත් වන පිණිස, අප කැඳෙවූ පියාණන් වහන්සේගේ කැමැත්ත අපි ඉටු කරමු. එසේම අපි සුචරිතය අනුගමනය කරමු. එහෙත් අප වරදට පොලඹවන සියලුම නපුරු පෙලඹීම් අත්හැර නපුරු දේවල් අප පරාජයට පත් නොකරන පිණිස අභක්තිකකමින් පළා යමු. මක්නිසාද යත් අපි යහපත කිරීමට වීර්ය

කරමු නම්, සමාදානය අප පසුපස පැමිණෙනු ඇත. මේ සම්බන්ධයෙන් නම්, මානව භීෂණයෙන් බලපෑම් ඇති,. අනාගතයේ ඉටු වන පොරොන්දුව ලැබීමට වඩා වර්තමාන ප්‍රීතිය භුක්ති විඳීමට කැමැත්තක් දක්වන මිනිසුන්ට එය [නිද. සාමය] සොයාගත නොහැකිය. මක්නිසාද යත් වර්තමාන ප්‍රීතිය කුමනාකාර වේදනාවක් ගෙන එන්නේද සහ අනාගත බලාපොරොත්තුවේ කෙතරම් ප්‍රීතියක් ඇත්තේද යන්න ඔවුන් නොදන්නා බැවිනි. දැන් ඔවුන් දේවල් කරන්නේ නම්, එය දරාගැනීමට [වඩාත්] හැකි වනු ඇත. එහෙත් දැන් ඔවුහු ඔවුන් සහ ඔවුන්ට සවන් දෙන්නන් යන දෙපිරිසම දෙගුණයක දඬුවම ලබන බව නොදැන ඔවුන්ගේ විනාශකාරී ධර්ම නියාමක අහිංසක මින්සුන්ට කාවැද්දීමට ක්‍රියා කරති.

11වන පරිච්ඡේදය

අපි දෙවියන් වහන්සේගේ පොරොන්දු කෙරෙහි විශ්වාසය තබමින් උන් වහන්සේට සේවය කළ යුතු වෙමු.

එම නිසා අපි දෙවියන් වහන්සේට පවිත්‍ර හදවතකින් සේවය කරමු. එසේ අප ධර්මිෂ්ඨ අය වනු ඇත. එහෙත් අප දෙවියන් වහන්සේගේ පොරොන්දුව විශ්වාස නොකරන නිසා, අපි උන් වහන්සේට සේවය නොකරමු නම්, අප දුක්ඛිත තත්වයට පත් වනු ඇත. මක්නිසාද යත් දිව්‍යසිමය වචනයද මෙසේ පවසයි: *"දෙසිත් ඇති, තමුන්ගේ හදවත්වලින් අවිශ්වාස කරමින්, අපගේ පියවරුන්ගේ දවස්වලදී පවා අපි මේ සියලු දේ ඇසීමුව, අප දවසින් දවස බලා සිටි නමුත් කිසිවක් සිදු වූයේ නැත. ඒ කිසිවක් [සම්පූර්ණ වනු] අපි නොදුටිමු, යනුවෙන් පවසන අය කාලකන්නියෝ වෙති. . අඥානයෙනි! ඔබ ගසකට සමාන කර බලන්න. නිදසුනක් ලෙස මිදි වැලක් දෙස බලන්න: පළමුවෙන්ම එහි කොළ ඇති වේ. පසුව එහි අතු ඇති වේ, ඉන්පසුව එහි ඇඹුල් මිදි ඇති වේ. ඉන්පසුව සම්පූර්ණයෙන්ම ඉදුණු ඵල ඇති වේ. එසේම මාගේ සෙනග විපත්තිය සහ පීඩාව වින්දහ. එහෙත් එයට පසුව ඔවුන් යහපත් දේවල් ලබනවා ඇත."* එම නිසා මාගේ සහෝදරයෙනි, අප දෙසිත් ඇති අය නොවෙමු. එහෙත් අපද විපාකය ලබන පිණිස බලාපොරොත්තු සහිතව ඉවසීමෙන් දරා ගනිමු. මක්නිසාද යත් එකිනෙක පුද්ගලයාගේ ක්‍රියාවෙහි ප්‍රකාරයට විපාක දීමට පොරොන්දු වූ තැනැන් වහන්සේ විශ්වාසවන්තව සිටින බැවිනි. එම නිසා, අපි දෙවියන් වහන්සේගේ ඇස් හමුයෙහි යහපත් දේ කරන්නෙමු නම්, අපි උන් වහන්සේගේ රාජ්‍යයට ඇතුළු වී *"කිසි කනකින් නොඇසුවාවූ, ඇස්වලින් නොදැක්කාවූ මනුෂ්‍ය හදවතින් සිතා ගැනීමටවත් නොහැකි වූ පොරොන්දු ලබන්නෙමුව."* 1 කොරින්ති 2.9

12වන පරිච්ඡේදය

අපි නිරතුරුවම දෙවියන් වහන්සේගේ රාජ්‍යය සෙවිය යුතු වෙමු.

එම නිසා, දෙවියන් වහන්සේගේ ප්‍රකාශ වීමේ දවස අප නොදන්නා නිසා, දෙවියන් වහන්සේගේ රාජ්‍යය උදෙසා පැයෙන් පැය ප්‍රේමයෙන් සහ ධර්මිෂ්ඨකමින් යුක්තව බලා සිටිමුව. මක්නිසාද යත් කෙනෙකු උන් වහන්සේගේ රාජ්‍යය පැමිණෙන්නේ කවරදකදැයි ඇසූ විට මෙසේ පැවසූ සේක: *"දෙදෙනෙකු එක් කෙනෙකු මෙන් වන අවස්ථාවේදී, එසේම නැතිව තිබෙන දේ ඇතුළත මෙන් වන අවස්ථාවේදී, එසේම පුරුෂයෙකු හෝ කාන්තාවක නැතිව පුරුෂයා කාන්තාවක සමග සිටින අවස්ථාවේදීය."* දැන් දෙදෙනෙකු එක් කෙනෙකු වීම යන්න, අප අතර අප සැබෑව කතා කරන කල, රැවටීමකින් තොරව ශරීරයන් දෙකක එක ප්‍රාණයක් ඇති වේ. එසේම කිසිම දෙයක් නැතිව තිබුණද ඇතුළත තිබෙන්නාක් මෙන් යන්නෙන් අදහස් කරන්නේ මෙයයි: උන් වහන්සේ ඇතුළත ඇති ආත්මය කැඳවන සේක, ශරීරය යනු කිසිවක්ම නැතිව තිබෙන දේයි. එම නිසා, ඔබගේ ශරීරය දෘශ්‍යමාන දෙයක් වන ආකාරයටම, ඔබගේ ආත්මද යහපත් ක්‍රියාවලින් පෙන්නුම් වීමට ඉඩ හරින්න. එසේම පුරුෂයෙකු හෝ කාන්තාවක නැතිව පුරුෂයා කාන්තාවක සමග සිටීම යන්නෙන් උන් වහන්සේ අදහස් කරන්නේ මෙයයි: සහෝදරයෙකු සහෝදරියක් දකින අවස්ථාවේදී, ඔහු ඇය කාන්තාවක සේ සිතීම නොකළ යුතුය. එසේම ඇයද ඔහු පුරුෂයෙකු ලෙස සිතීම නොකළ යුතුය. *ඔබ මේ දේවල් සිදු කරන්නෙහු නම්, "මාගේ පියාණන් වහන්සේගේ රාජ්‍යය පැමිණෙනු ඇත"* යනුවෙන් උන් වහන්සේ පවසන සේක. කොරින්ති 7.29

13වන පරිච්ඡේදය

දෙවියන් වහන්සේගේ නාමයට අපහාස නොකළ යුතුය.

එසේනම් සහෝදරයෙනි, අප මහත් අඥාන බවකින් සහ දුෂ්ට බවකින් සිටින අය වන බැවින් අපි දීර්ඝ වශයෙන් පසුතැවිලි වෙමු. යහපත් දේ වෙතට හැරෙමු. මක්නිසාද යත් අපි අපගේ කලින් කරන ලද පාපවලින් ඉවත් වී, අපගේ හදවතින් පසුතැවිලි වී ගැළවීම ලබමු. එසේම අපි මනුෂ්‍යයින් සතුටු කිරීමට උත්සාහ නොකරමු. අපි එකිනෙකා සතුටු කිරීමට පමණක් කැමති අය නොවෙමු. එහෙත් පිටස්තර අයද තෘප්තිමත් කරමු. එසේ අප නිසා උන් වහන්සේගේ

නාමය දේව අපහාසයට පත් නොවන පිණිස ක්‍රියා කරමු. මක්නිසාද යත් *"මාගේ නාමය නොකඩව සියලු ජාතීන් අතර දේව අපහාසයට පත් වෙයි,"* යනුවෙන් ස්වාමීන් වහන්සේ පවසන සේක. *"එහෙයින් මාගේ නාමයට අපහාස වේ; අපහාස කළේ කුමකින්ද? ඔබ මා කැමති දේ නොකිරීම තුළ අපහාස කළෙහුය."* යෙසායා 52:5 මන්ද අන්‍ය ජාතීන් අපගේ මුඛයෙන් දෙවියන් වහන්සේගේ වචන අසන කල, ඔවුහු ඒවායෙහි අලංකාර බව සහ උතුම් බව පිළිබඳ මවිතයට පත් වෙති. එහෙත් අප කතා කරන වචන හා සමග අපගේ ක්‍රියා නොගැළපෙන බවට ඔවුන් දකින කල, ඔවුහු මවිත වීමෙන් හැරී, එය මිථ්‍යාවක් සහ මායාවක් යයි පවසමින් දේව අපහාස කිරීමට යොමු වෙති. මක්නිසාද යත් දෙවියන් වහන්සේ පවසන බව අප වෙතින් අසන සෑම විටම, *"ඔබට ප්‍රේම කරන අයටම ඔබ ප්‍රේම කරන්නෙහි නම්, ඔබට ස්තුතිවන්ත විය යුතු නැත, එහෙත් ඔබ ඔබේ සතුරන්ට සහ ඔබට වෛර කරන අයට ප්‍රේම කරන්නෙහි නම් ඔබට ස්තුතිවන්ත විය යුතුය"* ඔවුන් මෙම වචන ඇසූ විට, ඒවායෙහි යහපත්කමේ මිනුම ඉක්මවා යන බැවින් ඔවුහු පුදුමයට පත් වෙති. එහෙත් අප වෛර කරන අයට ආදරය නොකරනවා පමණක් නොව, ආදරය කරන අයට පවා අප ආදරය නොකරන බව දකින විට, ඔවුන් අපට නින්දා කිරීමට සිනාසෙන අතර, දෙවියන් වහන්සේගේ නාමය අපහාසයට පත් වෙයි.

14වන පරිච්ඡේදය

ආත්මික සභාව

එසේ නම්, සහෝදරවරුනි, අපි අපගේ පියාණන් වහන්සේ වන දෙවියන් වහන්සේගේ කැමැත්ත කරන්නෙමු නම්, අපි ඉර සහ සඳ මැවීමට පළමුවෙන් මවන ලද පළමු සභාවෙහි, ආත්මික සභාවෙහි සාමාජිකයෝ වන්නෙමු. එහෙත් අපි ස්වාමීන් වහන්සේගේ කැමැත්ත නොකරන්නෙමු නම්, *"මාගේ ගෘහය සොරුන්ගේ ගුහාවක් බවට පත් වී තිබේ,"* යනුවෙන් පවසන ශුද්ධ ලියවිල්ල යටතට වැටෙන්නෙමු. යෙරමියා 7.11 එම නිසා, අපි ගැළවීම ලබන පිණිස, ජීවනයේ සභාවට අයිති වීමට තෝරාගනිමු. ජීවමාන සභාව යනු ක්‍රිස්තුස් වහන්සේගේ ශරීරය වන බව ඔබ නොදන්නේ යැයි මම නොසිතමි. (මක්නිසාද යත් ශුද්ධ ලියවිල්ල මෙසේ පවසයි. දෙවියන් වහන්සේ මනුෂ්‍යයා පුරුෂයා සහ ස්ත්‍රිය ලෙස මැවූ සේක. උත්පත්ති 1.27; සසඳන්න එපීස 5.22-23, පුරුෂයා නම් ක්‍රිස්තුස් වහන්සේය; ස්ත්‍රිය නම් සභාවය) තවදුරටත්, සභාව වර්තමානයේ පවතින්නක් පමණක් නොව, ආරම්භයේ සිටම එය පැවති බවට ශුද්ධ ලියවිලි සහ

අපොස්තුළුවරු ප්‍රකාශ කරති. මක්නිසාද යත් එය ආත්මික වූ බැවින්, අපගේ යේසුස් වහන්සේද ආත්මික වූ අතර අප ගළවන පිණිස අවසාන දවස්වලදී එළිදරව් කරනු ලැබූ සේක. 1 පේදුරු 1.20 දැන් සභාව ආත්මික වන නිසා, ක්‍රිස්තුස් වහන්සේගේ මාංසය තුළ එළිදරව් කරනු ලැබ, අපෙන් යමෙකු එය මාංසයෙන් ආරක්ෂා කර එය දූෂිත නොකරන්නේ නම්, ඔහු එය ශුද්ධාත්මයාණන් වහන්සේ තුළ ලබා ගන්නා බව එයින් අපට අඟවයි. මක්නිසාද යත් මෙම ශරීරය ආත්මයේ ස්වභාවයයි. එම නිසා එම ස්වභාවය දූෂිත කරන කිසිවෙකුත් සැබෑ දෙයෙහි පංගුකාරකම නොලබනවා ඇත. එම නිසා සහෝදරයෙනි, උන් වහන්සේ පවසන්නේ මෙයයි: *"ඔබ ආත්මයාණන් වහන්සේ ලබන පිණිස ශරීරය ආරක්ෂා කරගන්න."* ශරීරය සභාව වන බවත්, ආත්මය ක්‍රිස්තුස් වහන්සේ වන බවත් අපි පවසන්නෙමු නම්, ශරීරය අපයෝජනය කරන තැනැත්තා සභාව අපයෝජනය කරන්නේය. ඒ අනුව එවන් වූ පුද්ගලයෙකු ආත්මයාණන් වහන්සේ, එනම් ක්‍රිස්තුස් වහන්සේ නොලබනවා ඇත. මෙම මාංසයට පසුව ලැබිය හැකි ජීවිතය සහ අමරණීයභාවය එබඳුය, ශුද්ධාත්මයාණන් වහන්සේ එයට ඇලුම් කරන සේක; තවද ස්වාමීන් වහන්සේ තමන් විසින් තෝරාගනු ලැබූ අය සඳහා සූදනම් කර ඇති දේ විස්තර කිරීමට හෝ පැවසීමට හෝ කිසිවෙකුට නොහැකිය. 1 කොරින්ති 2:9

15වන පරිච්ඡේදය

ගළවන තැනැන් වහන්සේ සහ ගැළවීම ලැබූ තැනැත්තා

දැන් මා ආත්ම දමනය සම්බන්ධයෙන් ලබා දුන් උපදෙස නොවැදගත් යයි මම නොසිතමි. ඇත්තෙන්ම, මෙම අවවාදය පිළිපදින අය ඒ පිළිබඳ පසුතැවිලි නොවනු ඇත. එහෙත් එමගින් ඔවුන්ම සහ ඔවුන්ගේ අනුශාසකයා ලෙස මා යන දෙපාර්ශ්වයම රැකෙනවා ඇත. 1 තිමෝති 4:16 මක්නිසාද යත් වැරදි මාර්ගයේ ගිය අයෙකු සහ විනාශ වන ප්‍රාණයක් ගැළවීම ලැබීම උදෙසා නැවතත් යහමගට යොමු කිරීමේ ඇත්තේ සුළුපටු විපාකයක් නොවේ. යාකොබ් 5.19-25 කතා කරන සහ අසන තැනැත්තේ එසේ කතා කරන්නේ සහ අසන්නේ ඇදහිල්ල සහ ප්‍රේමය සමගින් නම්, අප මැවූ දෙවියන් වහන්සේට නැවත ගෙවීමට හැකි වන වන්දිය මෙය වන බැවිනි. එබැවින්, ධර්මිෂ්ඨ සහ ශුද්ධ, විශ්වාස කළ අප, *"මොරගසන කල්හි මෙන්න මම මෙහිය"* යැයි කියන යෙසායා 58:9 දෙවියන් වහන්සේගෙන් අපි නිසැකකමින් යුතුව ඉල්ලා සිටීම නොකඩවම කරගෙන යමු. මක්නිසාද යත් මෙම වචන වූ කලී මහත් වූ පොරොන්දුවක සලකුණකි. ඉල්ලන

තැනැත්තා ඉල්ලන දෙයට වඩා ඉතා වැඩියෙන් ලබා දීමට උන් වහන්සේ සූදානම්ව සිටින බව ස්වාමින් වහන්සේම පවසන බැවිනි. එසේ නම්, මෙතරම් උතුම් උන් වහන්සේගේ යහපත්කමෙහි අප කොටස්කරුවන් වන නිසා, මෙතරම් උතුම් ආශීර්වාද ලබා ගැනීම සම්බන්ධයෙන් අපි එකිනෙකා හෙළා නොදකිමු. මෙම වචන ඒවා පිළිපදින අයට මහත් ප්‍රීතියක් ගෙන එන අතරම, ඊට සමානුපාතිකව ඒවාට අකීකරු වන අය හෙළා දැකීමට පත් කරනු ලැබේ.

16වන පරිච්ඡේදය

විනිශ්චය දිනය සඳහා සූදානම් වීම

එම නිසා, සහෝදරයෙනි, අපට පසුතැවිලි වීමට ලැබී ඇති අවස්ථාව කිසිසේත්ම සුළු අවස්ථාවක් නොවන හෙයින්, අපට තවමක් කාලය තිබියදීම, අප පිළිගන්නා කෙනෙකු අපට තවමත් සිටින විටම, අපි නැවතත් අප කැඳෙවූ තැනැන් වහන්සේ වන දෙවියන් වහන්සේ වෙතට හැරෙමු. මක්නිසාද යත් අප මෙම ආශාවන් ප්‍රතික්ෂේප කරන්නේ නම් සහ අපගේ ප්‍රාණයෙහි නපුරු ආශාවන් තෘප්තිමත් කිරීම ප්‍රතික්ෂේප කරමින් අපගේ ප්‍රාණය ජය ගන්නේ නම්, අපි යේසුස් වහන්සේගේ කරුණාවෙහි පංගුකාරයෝ වන්නෙමු. එහෙත් ඇවිළෙන ගිනි උදුනක් මෙන් විනිශ්චය දවස දැනටමත් ළංවන බව සහ එහිදී ස්වර්ගයන් සහ මුළු පොළොවම ගින්නෙහි දියවෙන ලෝහයක් මෙන් දිය වන බවත්, ඉන්පසුව රහසේ සහ ප්‍රසිද්ධියේ සිදු කරන ලද මිනිසුන්ගේ ක්‍රියාඑළිදරව් කරනු ලබන බවත් නිසැක බව දැනගන්න. එසේ නම්, පාපයෙන් පසුතැවිලි වීම දානයට වඩා යහපත් වේ, යාච්ඤාවට වඩා නිරාහාරව සිටීමත්, ඒ දෙකටම වඩා දානයත් හොඳය. *"ප්‍රේමය පව් රාශියක් වසයි,"* 1 පේතෘස් 4:8 එසේම යහපත් හෘදයසාක්ෂියකින් යාච්ඤා කිරීම මරණයෙන් මුදලයි. දානය මගින් පාපයේ බර සැහැල්ලු කරන බැවින් මේවායින් සම්පූර්ණ බව සහිත සියල්ලෝ භාග්‍යවන්තයෝය. .

17වන පරිච්ඡේදය

එම කරුණාම තවදුරටත්

එම නිසා අපි, කිසිවෙකුත් නිකරුණේ විනාශ නොවන පිණිස, අපගේ මුළු හදවතින්ම පසුතැවිලි වෙමු. . මක්නිසාද යත්අපට ආඥා තිබේ

නම්, පිළිමවලින් ඈත් වී අනුන්ට අනුශාසනා කරන්නේ නම්, දෙවියන් වහන්සේ ගැන දැනටමත් දන්නා ආත්මයක් විනාශ නොවී සිටීම කොපමණ වැඩියෙන් අවශ්‍යද? එබැවින්, අන්‍යෝන්‍ය උපකාර කරමින්, අප සියල්ලන්ම ගැළවීම ලබන පිණිස, එකිනෙකා හරවා ගැනීම උදෙසා අවවාද කිරීම සහ දුර්වල අය යහපත් දේ තුළින් ඔසවා තැබීමටත් ක්‍රියා කරමු. එසේම දැන් පමණක් නොව, අපට වැඩිමහල්ලන් විසින් අනුශාසනා කරනු ලබන අවස්ථාවේදී අපගේ අවධානය යොමු කර විශ්වාස කිරීම පමණක් නොව, අප නැවතත් නිවසට පිටත්ව යන කල, ලෞකික තෘෂ්ණා කරණකොටගෙන අප ඉවතට ඇදී නොයන පිණිස, ස්වාමින් වහන්සේගේ ආඥා සිහි තබාගනිමු. අපි නිතරම දෙවියන් වහන්සේගේ ආඥාවල පැවතීමෙන් වැඩි වර්ධනය වී නිතර නිතර උන් වහන්සේට සමීප වෙමු. එසේ කිරීමෙන් අප සියලු දෙනාම එකම මනසකින් යුක්තව සිට, ජීවනයට එකතු කිරීම පිණිස ස්වාමින් වහන්සේගේ ආඥා වඩා හොඳින් පිළිපැදීමට උනන්දුවෙන් ක්‍රියා කරමු. මක්නිසාද යත් ස්වාමින් වහන්සේ මෙසේ පැවසූ සේක: *"මම සියලුම ජාතීන්, [ගෝත්‍ර] සහ භාෂාවන් එක්රැස් කිරීමට පැමිණෙන්නෙමි."* දැන් උන් වහන්සේ මෙයින් අදහස් කරන්නේ, උන් වහන්සේගේ ප්‍රකාශ වීමේ දවසෙහිදී, උන් වහන්සේ අපගේ ක්‍රියාවලට අනුව අප එකිනෙකා උන් වහන්සේම පැමිණ මුදනු ලබන අවස්ථාවයි. එසේ නොඇදහිලිවන්තයෝ උන් වහන්සේගේ මහිමය සහ බලය දකින්නෝය. එසේම ඔවුන් ලෝකයේ රාජධානිය යේසුස් වහන්සේ තුළ බව දැනගෙන ඔවුන් මවිතයට පත් වී මෙසේ පවසනු ඇත: *"අපට දුක් වේ. ඔබ වහන්සේ සිටිසේක. අපගේ වැඩිමහල්ලන් අපගේ ගැලවීම ගැන පැහැදිලිව පෙන්නුම් කළ විට අප එය තේරුම් ගත්තේවත්, අප එය විශ්වාස කළේවත්, අප එයට කීකරු වූයේවත් නැත."* යෙසායා 66.18 එසේ *"ඔවුන්ගේ පණුවා මැරෙන්නේ නැත. එසේම ඔවුන්ගේ ගින්න නිවෙන්නේ නැත. ඔවුන් සියලු දෙනාටම ප්‍රදර්ශනයක් [පිළිකුලක්] වනවා ඇත."* යෙසායා 66.24 උන් වහන්සේ පවසන්නේ මහත් විනිශ්චය දවස පිළිබඳයි. එම දවසේදී අප අතර සිටිමින් අභක්තික ජීවිත ගත කළ අය සහ යේසුස් ක්‍රිස්තුස් වහන්සේගේ ආඥා විකෘති කළ අය මනුෂ්‍යයින් දකිනවා ඇත. එහෙත්, අයහපත් මාර්ගයේ ගිය අය සහ ඔවුන්ගේ වචනයෙන් හෝ ඔවුන්ගේ ක්‍රියාවලින් යේසුස් වහන්සේ ප්‍රතික්ෂේප කළ අය නොනිවෙන්නාවූ ගින්නෙහි මහත් වූ වේදනාවන් විඳින බව දකින කල, ධර්මිෂ්ඨ අය, වේදනා ඉවසා දරාගෙන, ප්‍රාණය තෘප්තිමත් කරන කාරණාවලට වෛර කළ අය ඉතාම හොඳින් නිමා කළ අය දෙවියන් වහන්සේට මහිමය දෙමින් මෙසේ පවසනවා ඇත. *"දෙවියන් වහන්සේට මුළු හදවතින්ම සේවය කළ අයට බලාපොරොත්තුවක් ඇත."*

18වන පරිච්ඡේදය

කර්තෘ පව්කාරයෙකි, එහෙත් ඔහු එය හඹා යයි.

එසේනම් අපි විනිශ්චයට ලක් වන අභක්තිකයින් අතර නොව උන් වහන්සේට ස්තුති කරන දෙවියන් වහන්සේට සේවය කළ අය අතර සිටිමු. ,මක්නිසාද යත් මා ඉතාම දැඩි පාපී ස්වභාවයක් ඇති අයෙකු වන අතර, තවමත් පරීක්ෂාවෙන් ගැලවී නැති, එහෙත් යක්ෂයාගේ උපක්‍රමවලින් වට වී සිටින අයෙකු වුවද, ධර්මිෂ්ඨකම හඹා යාම උදෙසා මම සැම උත්සාහයක්ම දරමි. එවිට මා අවම වශයෙන් එයට සමීප වීමට සමත් වනවා ඇත. මක්නිසාද යත් මම පැමිණෙන්නාවූ විනිශ්චයට බිය වෙමි.

19වන පරිච්ඡේදය

ධර්මිෂ්ඨයන් දුක් විඳිය හැකි වුවද ඔවුන්ගේ විපාකය.

එම නිසා, සහෝදර සහෝදරියනි, සත්‍යතාවේ දෙවියන් වහන්සේ අනුගමනය කරමින් ඔබ ආමන්ත්‍රණය කරමින් ලියා තිබෙන වචනවලට අවධානය යොමු කරන මෙන් මම ඔබට ආයාචනා කරමි. එවිට ඔබට ඔබම සහ ඔබ මධ්‍යයේ සිටිමින් ඔබට සන්දේශය කියවන තැනැත්තා යන දෙදෙනාම ගැළවීමට හැකි වනු ඇත. මන්ද වන්දියක් වශයෙන් ඔබ ඔබගේ මුළු හදවතින්ම පසුතැවිලි වන ලෙසට මම ඔබෙන් ඉල්ලා සිටිමි. එවිට ඔබට ගැළවීම සහ ජීවනය ලැබෙනවා ඇත. එසේ කිරීමෙන් භක්තිවන්තකමට සහ දෙවියන් වහන්සේගේ යහපත්කමට තමන්ම කැප කරගැනීමට ආශාවෙන් සිටින සියලුම යෞවනයන් හට අප සලකුණක් තබනවා ඇත. තවදුරටත්, යම් අයෙකු අපට අනුශාසනා කරන කල සහ අප අධර්මිෂ්ඨකමින් හරවා ධර්මිෂ්ඨකමට යොමු කිරීමට උත්සහා කරන කල, අඥාන අය මෙන් අපි ඒ ගැන අප්‍රසන්න බවට සහ කෝපයට පත් නොවෙමු. මක්නිසාද යත් අපි ඇතැම් විට ඒ ගැන තේරුම් නොගෙන නපුරු දේවල් කරමු. එයට හේතුව නම්, අපගේ හදවත් තුළ පවතින අපගේ දෙසිත් ඇතිකම සහ අවිශ්වාසවන්තකමයි. එසේම අඳුරු ආශාවන්ගෙන් අපගේ අවබෝධය අඳුරු වී ඇති නිසාය. එම නිසා, අවසානය දක්වා අප ගළවනු ලබන පිණිස අපි ධර්මිෂ්ඨකම පිළිපදිමු. මේ ආඥා නියෝග පිළිපදින අය ආශිර්වාද ලද්දෝය. මක්නිසාද යත් ඔවුන් මේ ලෝකයේදී කෙටි කලකට දුක් කරදර දරාගත්තද, ඔවුන් උත්ථාන වීමේ අමරණීය ඵලය රැස් කරගන්නවා ඇත. එම නිසා, මේ

වර්තමාන කාලයේදී දුක්ඛිත ජීවිත ගත කරන භක්තිවන්ත මනුෂ්‍යයා දුක් විය යුතු නැත. ආශීර්වාද ලත් කාලයක් ඔහු වෙනුවෙන් තිබෙනු ඇත. ඔහු පියවරුන් සමග නැවතත් ජීවනය ලැබ ශෝකයක් නොමැතිව සදාකාලයටම ප්‍රීතිය භුක්ති විඳිනු ඇත.

20වන පරිච්ඡේදය

දේව භක්තිය, ලාභය නොවේ, සැබෑ ධනයයි

දෙවියන් වහන්සේගේ සේවකයන් දුෂ්කරතාවන්ට මුහුණපාන අතර අධර්මිෂ්ඨ අය වස්තුව අත්පත් කර ගන්නා බව දකින කල ඔබගේ මනස වියවුල් කර නොගන්න. සහෝදරයෙනි, සහෝදරියනි, අපි විශ්වාස කරමු! අප ජීවමාන දෙවියන් වහන්සේගේ තරගයෙහි තරග කරමින් සිටිමු. එසේම පැමිණෙන්නාවූ ලෝකයේදී අප ඔටුනු දරන පිණිස මේ වර්තමාන ජීවිතයේදී අපි පුහුණු කරනු ලබන්නෙමු. ධර්මිෂ්ඨ වූ කිසිවෙකුත් උන් වහන්සේගේ විපාකය ක්ෂණිකව ලබා ගත්තේ නැත. එහෙත් ඒ වෙනුවෙන් බලා සිටියේය. ක්නිසාද යත් දෙවියන් වහන්සේ ධර්මිෂ්ඨ අයගේ ගෙවීම ඉක්මනින් සිදු කළ සේක් නම්, අප ඉක්මනින්ම භක්තිවන්තකමෙහි නොව ව්‍යාපාරයක නිරත වනවා ඇත. මක්නිසාද යත්, භක්තිවන්තකම නොව ලාභය පසුපස යාමෙන් අප ධර්මිෂ්ඨ වූවාක් මෙනි. ධර්මිෂ්ඨ නොවන ආත්මයක් දිව්‍යමය විනිශ්චයේදී දඬුවම් ලබන්නේ සහ බොහෝ දම්වැල්වලින් බැඳිනු ලබන්නේ මේ හේතුව නිසාය.

අප වෙතට ගැළවුම්කරුවාණන් සහ අමරණීයභාවයේ කර්තෘවරයාණන් වහන්සේ එවූ තැනැන් වහන්සේට, සත්‍යය සහ ස්වර්ගීය ජීවිතය උන් වහන්සේ තුළින් අපට එළිදරව් කරන ලද තැනැන් වහන්සේට, අදෘශ්‍යමාන වූ එකම දෙවියන් වහන්සේට, සත්‍යතාවේ පියාණන් වහන්සේටම, ම සදාකාලයෙන් සදාකාලයට මහිමය වේවා. ආමෙන්.